50 Consejos de Ciberseguridad

¿Para quién es este manual?

Este manual es para todas aquellas personas que se preocupan por su seguridad online

Estamos 24/7 conectados a un mundo digital por medio de dispositivos que nunca descansan. Desde lo más sencillo como mandar un mensaje a nuestros contactos y hablar con ellos, hasta relacionarnos en las redes sociales e interactuar con personas en todo el mundo.

Trabajo, diversión, educación, ocio y hasta temas personales y psicológicos, toda nuestra vida estamos manteniéndola en un dispositivo, y muchas veces lo tomamos como algo tan natural y que ya es parte de nosotros que no entendemos los riesgos a lo que ese mismo dispositivo nos enfrenta.

Robo de datos, suplantación de identidad, fraudes financieros, daños a nuestro equipo e información y saber que dependemos tanto de estos equipos con tanta información personal, laboral y familiar que muchas veces nos sentimos espiados y escuchados por el mismo dispositivo, cuando nosotros mismos somos quienes estamos dando esa información. Ya las empresas que crean apps y sistemas online no necesitan siquiera estarnos espiando porque les damos íntegramente todo lo que ellos requieren.

Y este manual es precisamente para proteger un poco toda esa identidad online, y que tomes conciencia de toda toda la información que tanto consumes como generas, y que en algún momento puede ser recopilada por alguna plataforma, por lo que lo más importante siempre es pensar que *la información online que estás compartiendo siempre puede ser tomada por alguien sin que lo sepas.*

Este manual te ayudará a tomar una decisión **informada** sobre qué compartir, cómo compartirlo y cómo protegerte de la mayoría de los problemas que un usuario enfrenta día a día, con consejos prácticos y sencillos para que *hagas más seguro el internet* para ti y para los que te rodean.

Así que pues te invito a que analices los temas que trataré en este manual que han sido recopilados en varios años de estar analizando las tendencias más comunes que el usuario enfrenta en el día a día.

WHATSAPP

WhatsApp es una de las plataformas de comunicación directa más usadas del mundo, la cual tiene acceso principalmente a tus contactos como mayor fuente de información valiosa. Así que hablemos un poco de los problemas que encuentras en WhatsApp y cómo remediarlos.

Robo de cuentas de whatsapp (Buzoneo)

El robo de cuentas en WhatsApp por medio del buzoneo es el método más común y sencillo qué utilizan los cibercriminales para hacerse de las cuentas de sus víctimas.

El proceso consiste en que al tener tú el buzón de voz activado en tu teléfono el atacante envía una solicitud de contraseña a tu WhatsApp y después de varios intentos fallidos, el programa te permite hacer una llamada telefónica la cual te envía una contraseña por llamada de voz. Pero realizan estas llamadas en horarios de madrugada donde nadie contesta y por ende esas llamadas se van al buzón de voz.

En el caso de tener un buzón de voz que no tiene una contraseña o código secreto, cualquier persona externa con el menor conocimiento de cómo utilizar un buzón de voz puede acceder sin mayor complicación desde cualquier teléfono, y de esa manera se hacen de la contraseña de tu teléfono para utilizar tu WhatsApp. Por eso se denomina "buzoneo" ya que usan la vulnerabilidad del buzón de voz para obtener la contraseña fácilmente.

Por los horarios de acción de este hackeo, las personas se enteran hasta el día siguiente pero mientras tanto ya se hicieron de información valiosa del número.

Cómo evitar el Buzoneo

La primera recomendación es tener tu whatsapp protegido usando 2fa (two factor authentication) el cual se da de alta en la pantalla de ajustes y privacidad.

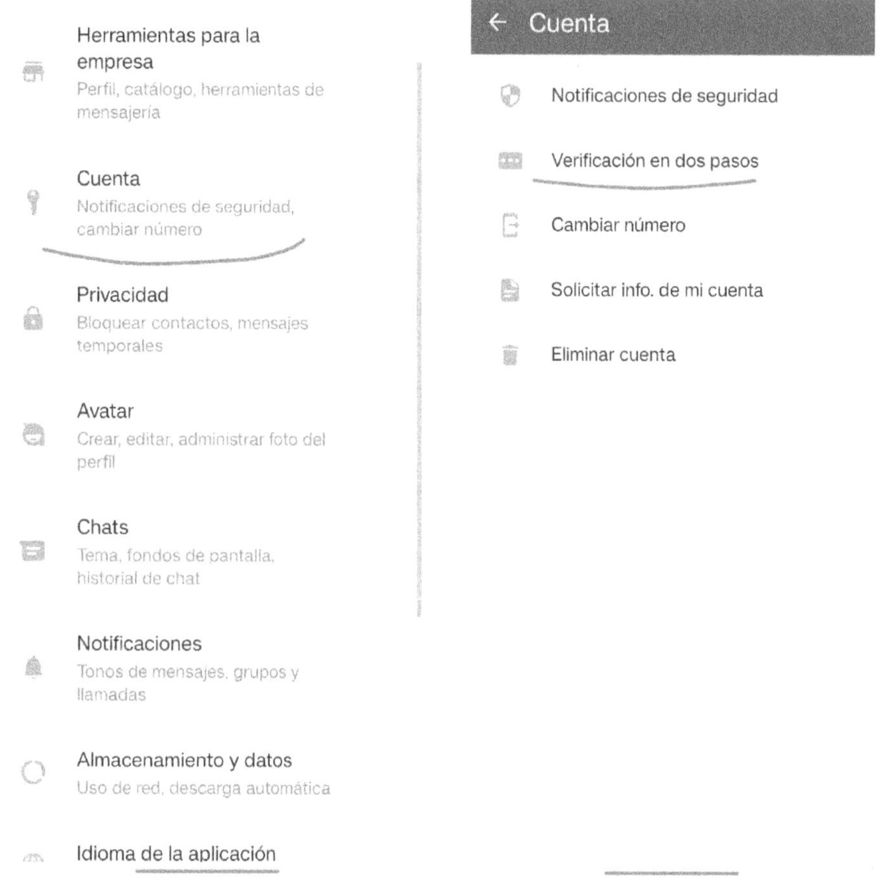

Se te solicita un código de 6 números que es pedido constantemente para asegurar que seas tú quien usa tu equipo y además un correo para recuperar contraseña en caso de pérdida.

La segunda recomendación es bloquear o asegurar el buzón de voz. Puedes comunicarte con tu proveedor de servicio y solicitar la cancelación dependiendo de la compañía que tengas contratada.

Si el proceso demora es necesario que le pongas una contraseña a tu buzón si no puedes quitarlo rápidamente.

Con esos dos sencillos pasos vas a evitar el buzoneo y que te roben tu cuenta de WhatsApp.

Si eres víctima del buzoneo qué va a suceder

Primero no se van a llevar todos tus contactos ni tus chats o imágenes, los únicos contactos que van a poder obtener son los que tengas en grupos, por eso es muy importante que en cuanto tengas un problema de estos informes a los grupos en los que te encuentras ya que lógicamente se van a hacer pasar por ti y muchas veces pueden tomar la información de esos contactos para continuar haciendo más buzoneo o para hacer fraudes en tu nombre cómo solicitar dinero

Si sucede que te han robado tu número de whatsapp sobre todo por no contar con 2fa, el cibercriminal va a colocar por su cuenta el 2fa por lo que no podrás recuperar tu número. Es necesario que transcurran siete días para que ese código pueda ser reiniciado así que debes estar alerta de cuando pasen siete días y tratar de recuperar tu número, o en su defecto bloquear y cancelar con tu operadora.

Robo de chats y contenido de whatsapp.

El robo de chats es un tema más complejo, pero no por ello imposible ya que involucra que tu correo electrónico sea vulnerado.

Si en una eventualidad llegaran a tener por buzoneo tu cuenta de WhatsApp y *además* el correo electrónico con contraseña de tu cuenta que almacena los respaldos de chats ahí sí toda la información que contengas en tu WhatsApp será llevada tanto chats como contactos como fotos videos y audio.

Por ello es de suma importancia tener un correo electrónico diferente a los que utilizas para el día a día, para evitar que por un descuido puedas ser vulnerado de tal manera.

Una recomendación básica de ciberseguridad es **no usar el mismo correo** para diferentes plataformas que involucren pagos o información sensible.

Lo ideal es lo siguiente:
- Tu correo electrónico principal
- Un correo electrónico para tus plataformas de chat
- Un correo electrónico para plataformas de streaming o juegos
- Un correo electrónico para registros de apps no importantes o que quieres que tu información no sea registrada en cientos de boletines de anuncios.

Y pensarás el por qué tener tantos emails, pues primeramente te ayuda a segmentar la información mucho más fácil pero en la eventualidad de un hackeo tus cuentas de banco y otros servicios quedan protegidas y puedes mitigar el problema más fácilmente.

Además de ello es necesario usar diferentes contraseñas siempre, ya que si usas el mismo correo y contraseña en todos los sistemas sólo es necesaria una falla para que toda tu información, sistemas y plataformas sea comprometida.

En caso de que haya sido vulnerado tu número deberás esperar siete días para solicitar un nuevo código por SMS y poder quitar el bloqueo que pueden haber hecho ya que es común que los cibercriminales al robar cuentas, ellos si colocan medidas de seguridad para que tú no la recuperes fácilmente.

Además de informar a todos tus contactos a la brevedad posible por los medios más comunes y que la información llegue antes de que cualquier tipo de fraude se lleve a cabo.

Ingeniería Social

La Ingeniería social es un conjunto de prácticas que buscan una sola cosa: **Información de la víctima.**

Hay muchos métodos de ingeniería social que son utilizados en la actualidad aprovechando la ventaja de las comunicaciones en tiempo real como son la mensajería por medio de whatsapp o telegram, además de las ya conocidas como páginas falsas, correos de fraude o sitios web engañosos que ahora ya son hasta promocionados por anuncios pagados en plataformas legales como youtube o Google.

El poder reconocer un ataque de ingeniería social es en sí ya toda una serie de prácticas que la persona debe ir adquiriendo al utilizar el internet, porque siempre encuentran los atacantes medios novedosos y engaños convincentes que muchas veces no podemos estar atentos a tantas señales, pero la herramienta más importante que debemos siempre tener en cuenta para poder defendernos antes un ataque de esta naturaleza es el *sentido común* y muchas veces detenernos un segundo antes de seguir adelante con cualquier tipo de acción en lo que puede parecer un sitio web legal o un correo electrónico real.

Hacernos preguntas tan simples como

a. ¿Realmente me está contactando el director de una empresa de manera directa a mi número de teléfono por medio de whatsapp para ofrecerme trabajo?
b. ¿He participado en algún evento, concurso o sitio web donde haya alguna rifa o premiación?, ¿realmente una empresa regala teléfonos a correos electrónicos aleatorios o a números de tarjeta de usuarios que no conoce?
c. ¿He pedido restaurar mi contraseña de alguna plataforma de redes sociales o de mi propio teléfono con el Apple ID?
d. ¿Mi contador o yo hemos enviado alguna solicitud de reembolso de impuestos para que deba recibir un documento encriptado recibiendo todos los datos del pago?
e. ¿Estoy esperando una factura?
f. ¿Estoy esperando algún paquete que pueda ser detenido en aduana?
g. ¿Realmente habrá una empresa que pague $50MXN por dar clic en un video a una persona que encontraron por whatsapp?
h. ¿Acaso ese familiar realmente está en problemas legales y necesita dinero urgentemente cuando no has hablado con él desde hace un par de años?
i. ¿La directora de marketing de una empresa de Singapur que trabaja en Alemania confundió el teléfono de un amigo con mi teléfono y quiere que le de un tour por la ciudad porque no conoce a nadie? (este es un caso personal donde quería una directora ayuda porque venía de negocios dos semanas a México y como no encontró a su amigo pues por casualidad me marcó a mi)

En una sección posterior veremos el tema de correos electrónicos de fraude lo cual entra en ingeniería social.

La ingeniería social se basa siempre en el engaño para obtener primero información, posteriormente archivos, fotos, datos comprometedores y finalmente hacer uso de toda la información obtenida para poder hacer fraudes ya sea en su nombre o para extorsiones donde se amenaza publicar material privado a cambio de dinero.

Esos casos de ingeniería social son los ataques más comunes pero no hay que descartar que siempre continúan innovando en cuestión de engaños cuando alguno de ellos ha perdido su ímpetu.

Así que el sentido común ante cualquier correo, mensaje, oferta o situación extraña debe ser lo primero que prevalezca, no te dejes llevar por la emoción de obtener un iphone solo pagando el envío de $100 dls para reseñas de amazon. Siempre analiza cuales son las ramificaciones y si realmente una empresa o persona estaría dispuesta a hacer todo lo que sus mensajes prometen antes de caer en el juego.

Whatsapp modificado. Plus, GB, Aero, etc.

En la plataforma de whatsapp solo existen dos opciones oficiales y originales que son el whatsapp regular y el whatsapp business, enfocado a negocios y con posibilidad de una pequeña tienda online entre otras funciones extras.

Pero además existen plataformas modificadas o modeadas como se les conoce comúnmente, las cuales son conocidas como whatsapp Plus, aero, gold, yo, gb, fm, y muchas otras variantes.

La principal función de estos whatsapp modeados y por lo que son tan utilizados es porque permiten hacer cosas que en el whatsapp normal no se puede, cómo cambiar tipografías, fondos, emojis, mensajes masivos instantáneos (bombas) pero sobre todo por poder ver los mensajes borrados.

Precisamente esta característica que los hace tan buscados es lo que más problemas causa a los usuarios ya que primeramente no tienen encriptación punto a punto por lo que las conversaciones son vulnerables, y todos los mensajes, imágenes, y demás contenidos son guardados de manera local para que en el caso de ser borrados, se cuente con una copia de ese material.

El punto importante es que así como el usuario puede ver ese contenido que ha sido borrado, quien asegura que los creadores de las apps modificadas no tengan acceso a esos mismos archivos o los estén recibiendo en un archivo de registro junto con los chats, fotos y videos que están enviando los usuarios.

Además de que muchas de estas plataformas modificadas también están llenas de malware y aplicaciones espías que pueden estar analizando todo lo que se escribe tanto dentro como fuera de whatsapp. El tema de bancos, apps de correo o material privado no puede estar seguro con estas apps instaladas en el teléfono celular.

Estas apps solo existen para android, en iOS necesitan hacer jailbreak (desbloqueo del celular) por lo que no es tan fácil conseguirlas, y también hay que mencionar que no puedes saber que usuario tiene esta app por lo que muchas veces el platicar con alguien que tiene ese tipo de whats modificados no es adecuado debido a que la privacidad es completamente nula.

Finalmente la misma META (facebook) hace intentos de estar bloqueando estas apps por lo que aunque mencionan que hay whatsapp modeados "inmunes" tarde o temprano la app es bloqueada perdiendo toda la información que contiene.

Deben tener cuidado con las apps que instalan, sobre todo las que son usadas para comunicación personal.

Cuentas falsas.

Un tema que está siendo notorio es el de cuentas que se hacen pasar por cuentas oficiales, conocidos o de personas famosas.

Estos perfiles con engaños y comentarios pueden hacerte dar información sensible en un ataque de ingeniería social haciendo tus cuentas e información vulnerable.

Como mencionamos en el punto anterior, la ingeniería social es el conjunto de prácticas enfocadas a obtener información y datos por medio de engaños, y hacerse pasar por una cuenta oficial de empresa, alguien que conoces o algún famoso, son unas de las prácticas de ingeniería social más comunes.

En caso de que sea una empresa la que te contacte, analiza el status de verificación de la cuenta, por ejemplo Whatsapp tiene esta marca, así como las cuentas verificadas en plataformas diversas.

Pero una cuenta falsa es muy sencilla de crear, desde tomar imágenes de personas famosas online, o hacerse pasar por personas con otro nombre.
Siempre mantente alerta a la información que te dan y puedes obtener dando clic en el usuario que te escribe

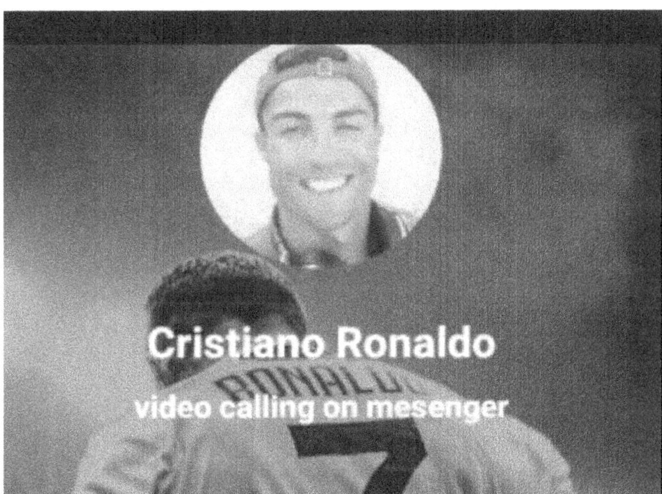

Si comienza a pedirte información sensible o datos específicos analiza y toma acción, ya sea bloquear o reportar a la cuenta para evitar caer en un engaño.

Los engaños más comunes que te tratarán de hacer este tipo de cuentas:
1. Hacerse pasar por algún famoso o empresa que tiene alguna oferta especial para tí, ya sea de algún premio o un trabajo muy bien remunerado.
2. Familiares cuyos equipos han sido hackeados o buzoneados y los atacantes que tienen esos números ahora están pidiéndote dinero.

3. Reclutadores que buscan personas que quieren ganar dinero fácil
4. Mensajes que envían links desconocidos. *No abras nunca links de personas que no conoces, y aún si son personas que conoces, duda precisamente por el tema del buzoneo.*
5. Personas que solicitan algún tipo de pago. No des dinero a personas que no conoces personalmente.
6. "Representantes" de ciertas marcas famosas que quieren ofrecerte dinero por colocar anuncios en tus cuentas de redes sociales, la mayoría de los casos son cuentas robadas utilizadas para engañar.

We are affiliated with more than 1000 multinational companies such as IBM, Nike, Puma, Adidas, Hockey and many more.

The content is related to the category of your page. Bad content or content contrary to Facebook policy will not be published.

You will be given 10 ads created per day and you will have to select two of them.

We offer you $1000 per ad. You will receive $2000 per day before placing 2 ads per day.

I will explain everything how it works, first tell us how you feel about it. thank you

Binarios o códigos dañinos

Un binario o código dañino es por ejemplo el código que dañaba whatsapp a mediados de 2023.

Este código consistía en mandar una instrucción que funcionaba para navegadores pero en celular intentaba abrir una configuración de whatsapp que no podía ser usada en la app y creaba un volcado de memoria. Es decir cerraba la app inmediatamente.

Este código una vez enviado quedaba registrado, por lo que al entrar de nuevo al chat que contenía el mensaje el error sucedía una y otra vez haciendo imposible conversar con alguien.

Esto afectaba tanto a grupos, personas que recibían como quienes lo enviaban. Si ese código estaba en tu chat, el chat ya bloqueaba la app.

Por cierto, ya no lo intenten, ya fue arreglado y ya no funciona.

De igual manera los binarios son imágenes que hacen esa función: hacen un cierre inesperado de la app ya sea telegram o whatsapp, un ejemplo fue el gif ruso que mandaron por los meses de julio y agosto en telegram.

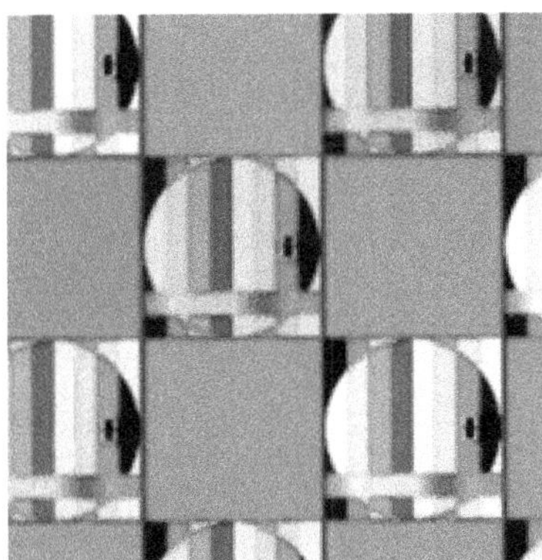

Estos archivos consisten de un archivo dañado en su código binario (por ello el nombre) y un equipo celular no puede leerlos correctamente cerrando la app de comunicación.

Como resolver el problema de binarios o códigos dañinos

La solución más sencilla es usar la app por medio de los sistemas web (*web.whatsapp.com* por ejemplo o la app de escritorio de telegram), abrir chat ahí y eliminar el mensaje dañino de todos los lugares donde se encuentre, ya sean chats individuales o grupales.

Las computadoras no se encuentran con esos errores y pueden desde ahí eliminar esos códigos para evitar seguir causando problemas en la app.

Una vez borrado el código o imagen el teléfono ya no será afectado.

Llamadas de fraude

Se ha hablado que puede hackear un teléfono con una llamada o videollamada por whatsapp.

Esto es falso.

El sistema de comunicación por audio o video no tiene la capacidad de interferir en el sistema o app de ninguna manera, por lo que el peligro real de las llamadas es de la información que estamos cediendo a quien realiza la llamada, usando precisamente *prácticas de ingeniería social* para obtener información sensible, mandar mensajes y correos mientras se está en la llamada para evitar su análisis a detalle por estar "esperando una respuesta en la línea" y causando presión para que abran, descarguen o manipulen algún archivo que se haya enviado.

Estas llamadas por si no son peligrosas si se siguen varias prácticas de seguridad.
1. Si es de un "banco" recordar que el banco no solicita datos de **NINGÚN** tipo, si hay algún cargo no reconocido colgar inmediatamente y llamar personalmente al banco.
2. Muchas veces solicitan actualizaciones de datos o apps, de manera falsa lógicamente, donde invitan a descargar ciertos archivos o se envían por el mismo sistema como whatsapp. Rechazar siempre esos updates sin excepción.
3. No instalar apps de bloqueo de spam como **truecaller** la cual causa más problemas al estar tomando la base de datos de todos los contactos del teléfono y llevársela a sus sistemas haciendo pública esa información "para dar un mejor servicio", pero a nadie le gustaría que se lleven sus contactos familiares para tenerlos en un directorio de acceso público.
4. Si son muy insistentes las llamadas probablemente buscan confirmar que el número es un número real, por lo que si llegamos a contestar sabrán que somos personas reales y de esa manera seguirán las llamadas. Al ser llamadas por IP o cuentas falsas por mucho que las bloqueemos seguirán.
5. Si las llamadas son demasiado insistentes, piden cambios de contraseña por mensajería, o hay accesos a la cuenta notificados es necesario pensar en un cambio de número ya que el número es ingresado en un sistema automatizado y se dedica a llamar sin interacción humana por lo que no se detendrá.

2fa: Autenticación de Dos pasos

2FA, o por sus siglas en inglés **TWO FACTOR AUTHENTICATION** es un sistema de seguridad adicional para las cuentas que lo permiten como mensajería, correos, bancos, apps de compras etc.

Este sistema consiste en además de usar el usuario y contraseña de siempre, tener una capa adicional de contraseña (autenticación de dos factores por ello) donde además de la contraseña se envía ya sea un mensaje de email, con una app especial de autenticación, mensaje de SMS o hasta un mensaje vía whatsapp para otorgar un código único y aleatorio en el momento de acceso.

Este sistema de autenticación debe activarse en sus cuentas de manera adicional y ya es solicitado de manera requerida por muchas apps sobre todo las que conllevan uso de dinero.

Como vimos en la sección de **BUZONEO** para configurar en whatsapp el 2fa es en esta sección

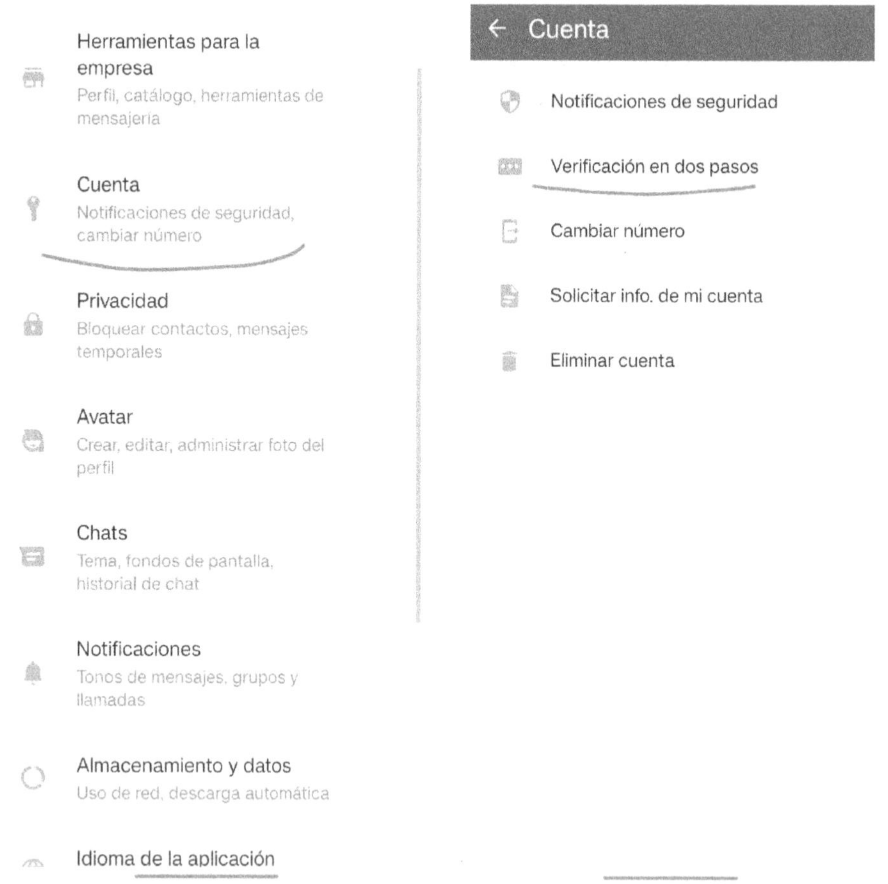

Una vez que ha realizado la activación solicita un email de recuperación, como ya vimos es recomendable usar uno alterno al principal por mayor seguridad.

De esta manera con esta acción tan sencilla nuestro whatsapp queda protegido de ataques como buzoneo con el cual aunque tengan la contraseña no pueden acceder al sistema sin este código.

Es necesario comentar que precisamente usando ingeniería social y cuentas falsas muchas veces "cuentas oficiales" piden este código para verificar su cuenta, o hay mensajes que mencionan que "mandaron por error el código a nuestro teléfono" y nos piden ayuda para recuperar su cuenta.

Nunca se debe proporcionar ese número ya que es la llave maestra y la diferencia entre tener o no una cuenta de whatsapp segura.

Otros métodos de 2FA son también verificaciones por correo electrónico, donde cada que se entra al sistema se manda un correo electrónico con un código único, o también puede ser enviado vía SMS si así se configura.

Para proteger otras plataformas existen apps de terceros que veremos más adelante y que pueden asegurar tanto redes sociales como correos electrónicos.

Estas apps pueden ser apps como *Google authenticator, microsoft authenticator, OKTA; authy* y otras más donde se sincronizan la cuenta con la aplicación móvil y cada que hay un acceso se debe ingresar ese código específico.

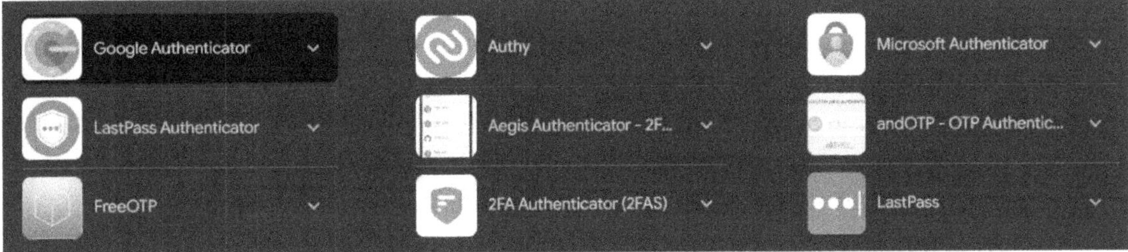

Como leí en algún ocasión un artículo que decía:.**"Aunque tu contraseña sea 123456 y sea muy fácil de Hackear, mientras tengas un buen sistema de 2FA tu cuenta estará mucho más segura ya que sin ese sistema de autenticación no importa que adivinen tu clave, no podrán entrar."**

Correos electrónicos

Muchos dicen que el correo electrónico es una herramienta del pasado, que ha sido reemplazado por sistemas como Slack, Teams o el mismo whatsapp por la facilidad de uso y el manejo en tiempo real de información, pero la realidad es que el correo electrónico aún se mantiene vigente y es una de las herramientas más confiables en cuanto a comunicación online.

Estos son algunos de los ataques y problemas a los que nos enfrentamos diariamente cuando usamos correos electrónicos.

Phishing

El *phishing* viene de la palabra "fishing" que significa pescar y la palabra "phreak" que es irrumpir en sistemas digitales, que a su vez viene de "phone" y "freak" ya que los primeros ataques de robo de información eran vía telefónica.

Se denomina así debido a que usa técnicas de "pesca" masiva al enviar correos a listas enteras de correo esperando a que alguien caiga en el anzuelo y sea atrapado.

El phishing es una práctica de ingeniería social y el método más común consiste en enviar un correo mencionando que se requiere intervención del usuario para varias opciones

1. Recuperar contraseña
2. Cambiar datos en caso de ataques
3. Reclamar un premio
4. Analizar una posible cuenta vulnerada
5. Recoger algún paquete que ha sido detenido en aduana
6. Evitar un cargo bancario
7. Recibir un reembolso
8. Evitar la cancelación de alguna cuenta de correo
9. Ver algún video gracioso
10. O simplemente obtener un acceso especial por medio de un link a contenido especial.

El formato estándar de un correo electrónico de phishing debe ser analizado para que si detectas en algún momento una de estas señales sepas de inmediato que el correo electrónico es falso.

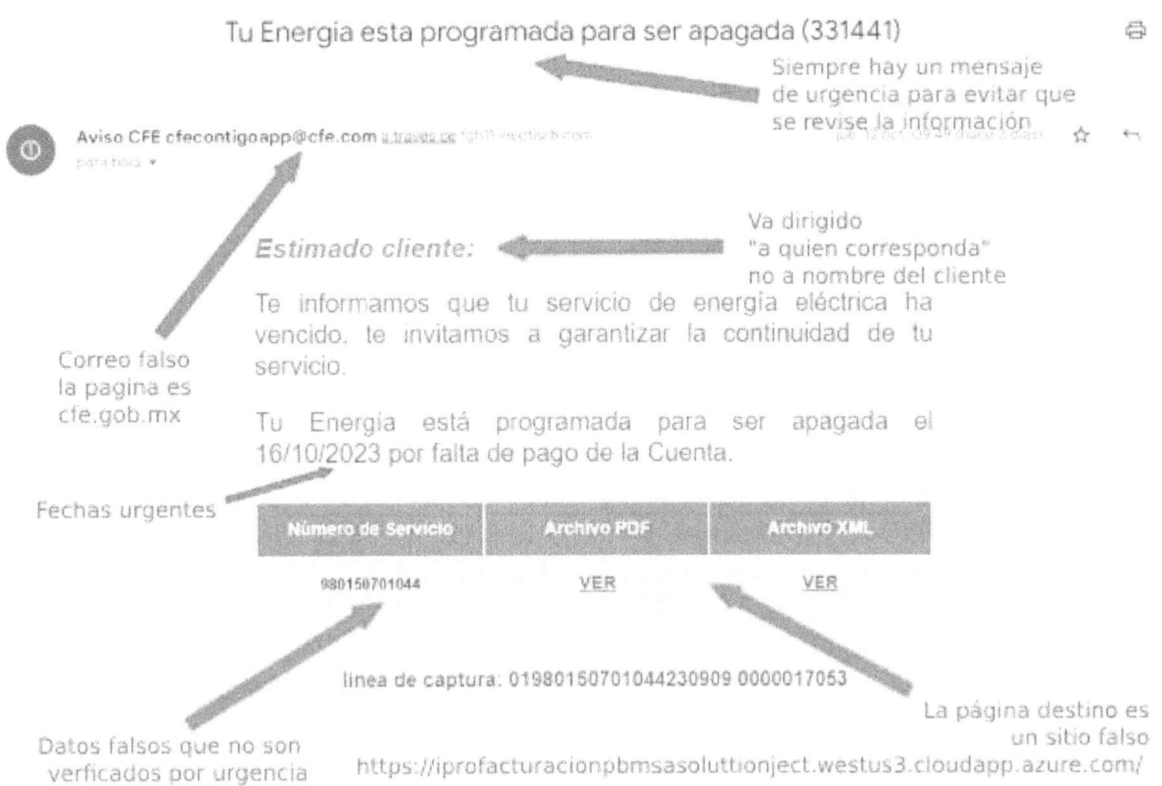

Estos elementos y otros más como faltas de ortografía, imágenes de logotipos dañados o archivos de descarga en formato comprimido son indicadores de que el correo es falso y puede poner en riesgo tu información.

Archivos adjuntos

Cuántas veces no hemos recibido un correo electrónico con una factura o con un recibo de pago que no estábamos esperando.

Este mismo archivo puede ser algo tan sencillo como una devolución de impuestos o una promoción irresistible, pero muchas veces no notamos detalles sencillos Como por ejemplo que pueden ser un archivo Excel de más de 300 MB o un archivo PDF con doble terminación como pdf.exe

Al no tener ese análisis sobre el archivo que estamos recibiendo lo que cualquier persona hace es descargarlo y abrir para ver de qué se trata, pero en ese momento el archivo Excel puede abrir una macro que comienza a infectar el equipo, o el archivo PDF en lugar de ser un archivo de texto es un programa ejecutable el cual puede tener acceso a todas nuestras contraseñas (como un spyware)

Por ello es muy recomendable en los equipos siempre contar con un **antivirus** ya que estos se dedican precisamente analizar en tiempo real esos archivos y antes de que causen cualquier problema detenerlos.

Ahora si no se cuenta con un antivirus en su equipo una estrategia muy sencilla es subir ese documento *SIN ABRIRLO* a Google drive el cual tiene motores de antivirus y puede abrir el archivo en línea sin riesgo a su equipo.

Si utiliza Gmail, el mismo archivo puede ser subido a Google drive con un solo clic para evitar cualquier problema y ya recibiremos una indicación si es un archivo bueno o uno que debe de ser desechado.

En el botón de la derecha se puede subir a gmail sin riesgo para el equipo local.

De igual manera se pueden usar herramientas online que veremos más adelante.

Correos de fraude

Los correos de fraude son conocidos desde hace mucho tiempo ya que había siempre esa historia del príncipe nigeriano el cual necesitaba sacar millones de dólares en oro de su país y casualmente había encontrado su correo en un mundo conectado de más de 3 mil millones de usuarios, y de la nada confiaba ciegamente que el correo al que escribía era de una persona buena, honesta y que le ayudaría en su misión de salvar el dinero de su país. Claro que usted podría recibir la mitad de todos esos millones de dólares por ayudarle y por sus molestias.

Esos correos han ido evolucionando a ser el de una señora con enfermedades terminales qué quiere dejar una herencia a un alma caritativa llena de bondad para que la reparta por el mundo, o a un banquero que se enteró de un fraude multinacional y necesita resguardar el dinero ya que en cualquier momento las autoridades de su país incautarán esos fondos.

La finalidad de esos correos siempre es la misma: Obtener información de la víctima y de ser posible algo de dinero, ya que para manejar esas inmensas cantidades de dinero, pues se requiere que la persona que va a recibir millones de dólares pague al banco una pequeña cantidad de un par de miles de dólares, ¿no es acaso lo más lógico del mundo?

Además de que la habilidad de convencimiento de estas personas las quisiera cualquier vendedor del mundo ya que logran cautivar a la contraparte obteniendo datos personales de maneras sutiles, lo cual se va registrando minuciosamente para posteriormente usarlo todo ese conocimiento en su contra.

Casos de personas que han sido engañados por mujeres de otro país que necesitan dinero para poder casarse con la persona que reciba determinado correo electrónico han logrado hacer caer al más conocedor convenciéndolos con un proceso largo y de citas online maravillosas para que las personas confíen al grado de enviar dinero y regalos a las personas que están al otro lado del mundo sin siquiera conocerlas personalmente.

Siempre ante estos correos tienen ustedes esa duda: ¿es posible acaso que un príncipe nigeriano, un director de un banco en Francia, un reclutador de alto nivel en Amazon, una dulce ancianita en Inglaterra, una modelo checoslovaca de una región en disputa, o una directora de productos de Singapur haya tenido la suerte de encontrar tu correo electrónico y por ello confiar ciegamente en que eres una persona la cual puede recibir grandes cantidades de dinero solo porque se equivocó en un par de letras al escribir?

Nunca confíes en nadie en internet que no conoces y mucho menos le des dinero a nadie en internet que no has visto a la cara. Y por ello me refiero a frente a frente, no por una videollamada.

Links falsos

Muchas veces hemos recibido links de personas, empresas o entidades bancarias y gubernamentales que sin pensarlo abrimos para darnos cuenta que hemos caído en una página de phishing o de descargas dañinas.

Es muy importante conocer el formato de un link ya que pueden ocultar datos o simular empresas reales que sin un poco de análisis no podríamos detectar.

Un link se compone por el **TLD** (Top level domain) como es un *banco.com* y un subdominio, como es el www. en una dirección como www.banco.com.

www . banco . com

Subdominio
puede ser
mail
www
ftp

DOMINIO
Nombre de la
empresa

TLD
puede ser
.com
.edu
.xyz

Posterior a la terminación lo que viene después es irrelevante hasta cierto punto, pero hay que identificarlo correctamente, o si cuenta con una @ dentro de la dirección

No es lo mismo un
www.banco.com (página real)
que un www.banco.xyz (página que simula la página real)
o un wwwbanco.com (la cual no lleva una separación de subdominio y dominio)
o un www.banco.com/@elportalfalso.com (página que manda a otro sitio web)

Cuando esas direcciones sean identificadas es necesario desechar el correo de inmediato y no dar clic de ninguna manera.

Para ver el link de un botón solo es necesario dar clic derecho en los botones y copiar dirección de vínculo, posteriormente pegarla en un navegador.
Si no cumple con esas características no debe acceder a los sitios.

Regularmente sitios con terminaciones xyz son páginas falsas que crean dominios web de prueba y pueden ser creados y eliminados fácilmente por lo que si un sitio web que requiera ingresar datos personales usa el xyz mejor no lo utilice.

Lo más importante es verificar siempre la ortografía del dominio, ya que a veces hasta por dislexia no notamos la diferencia entre páginas como *Discord* y *Discrod* donde la primera es la original y la segunda fue un sitio que robó infinidad de cuentas de Discord.

Cadenas falsas

Las cadenas son otro tipo de mensaje que se difunde por correo electrónico o por mensajería instantánea.

La finalidad de una cadena puede variar mucho dependiendo del mensaje que transmite.

Puede ser una cadena advirtiendo de un suceso imposible como "si sales a respirar el dia martes a las 7am tus pulmones colapsarán", o algo totalmente impensable como "si te llega un mensaje con fotos de un volcán te van a hackear tu celular en 10 segundos, no lo abras".

Ese tipo de cadenas solo buscan el drama y morbo de las personas y muchas veces son creadas para ver "qué tan lejos llegan" ya que muchas veces esas cadenas han salido en noticieros advirtiendo de los peligros inminentes, pero solo son bromas de mal gusto de un grupo malintencionado.

En otras ocasiones son cadenas que buscan recopilar información como "envía este mensaje a 10 amigos y da clic en este enlace para hacer que tu whatsapp siga siendo gratis", lo cual también es una mentira y muchas veces esos links caen en phishing.

Es muy sencillo identificar las cadenas falsas:
   a. Nunca tienen fecha exacta (el día martes se verán dos lunas en el cielo)
   b. Hay riesgo inminente (puedes ser hackeado o te cobrarán un servicio si no compartes)
   c. Son muy ambiguas (en estudios de "una" universidad encontraron que esto va a pasar)
   d. Los sucesos que van a ocurrir son inverosímiles (pero lo compartimos por si las dudas)

La recomendación es no compartir esas cadenas ya que en algunos casos también son enviadas para identificar si un número telefónico o correo electrónico son reales al enviar mensaje y obtener la confirmación de lectura (las dos palomitas azules de whatsapp) o si respondemos de una manera agresiva para exigir que ya no estén molestando. Este tipo de respuestas confirman nuestro número para futuros intentos de fraude, por lo que lo más recomendable es ignorar y eliminar el mensaje posteriormente.

Mensajes que ofrecen trabajo remunerado

Este tipo de mensajes son muy comunes últimamente con un formato similar entre todos ellos y el modus operandi resulta el mismo: Buscan que la persona comience a invertir para después sea estafado de su dinero.

Comienza comúnmente con un simple "hola", o una oferta donde comentan que podrás obtener ganancias sencillas y rápidas desde tu teléfono, sin experiencia y con poco trabajo al día.

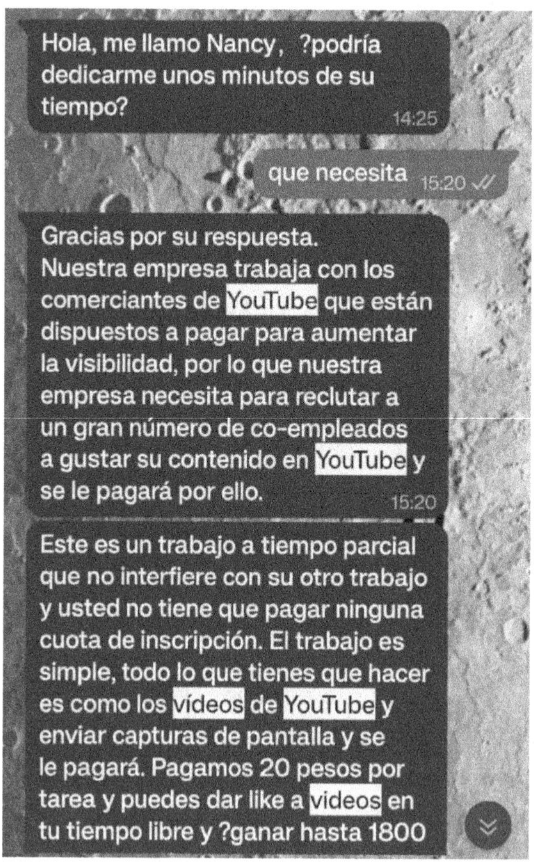

Este fraude consiste en enganchar al usuario de una manera rápida, dando credenciales e información que puede ser valiosa como pertenecer a alguna empresa transnacional, el recibir dinero rápidamente por tareas como dar clics en videos y tomar capturas de pantalla, y hasta llegan a mostrar certificados de "autenticidad" que son completamente falsos.

Posterior al contacto inicial y lograr que el usuario acepte su primer asignación, es invitado a telegram, ya que esa plataforma ofrece mucho más privacidad que whatsapp y es más fácil de controlar los usuarios, además de que muchos no saben resguardar sus datos personales y estos son vulnerados de inmediato.

Es probable que se reciba el pago inicial que puede ser de una cantidad pequeña pero que nos hace confiar en la contraparte, pueden depositarle tal vez hasta $300 pesos, pero de esta manera ya obtienen también datos bancarios reales para fraudes posteriores.

Finalmente después de trabajar unos días obteniendo pequeñas cantidades, comienzan a subir la oferta pero para ello requiere inversión del usuario, y a medida que gana más, puede seguir subiendo de niveles con inversiones mayores.

He conocido personas que han solicitado hasta préstamos en el banco por más de $100,000 pesos mexicanos porque la oferta es recuperar más del doble, dando clics en videos solamente. Lógicamente han perdido todo.

Piensen por un momento si una empresa realmente desearía invertir en clics y capturas de pantalla a personas de manera aleatoria en todo el mundo de esa manera, y entenderán por que ese esquema es un fraude desde que comienza la conversación, pero muchas veces la necesidad o la ambición no nos permiten analizar la información correctamente.

Estas prácticas reaparecen cada cierto tiempo ya sea con clics en youtube, tiktok, promocionar productos en amazon, dar clic en ciertas páginas o tareas igual de simples e irrelevantes, pero solo son tareas para tener al usuario distraído de lo que realmente sucede, que es estar estafando su dinero.

Mensajes de paquetería con paquetes retenidos

Un tipo de fraude muy común es en el cual recibes un correo electrónico de alguna paquetería indicando que tienes un paquete retenido por un pago faltante en aduanas.

Este mensaje es relevante en este tiempo donde todo mundo hace solicitudes y pedidos en línea por lo que es muy fácil de que pueda ser abierto por las personas pensando en que algún paquete que ha solicitado ha sido retenido realmente, pero al igual que los correos de spam, tenemos que tener mucho cuidado con este tipo de correos revisando los puntos importantes.

Muchas veces te van a pedir un pago muy sencillo de entre $20 y $50 pesos, no más de $2 dólares, lo cual al ser una cantidad nada grave se deciden por pagarla, ya que pues le estarían estafando solo $50 pesos, pero si es real pues prefieren tomar el riesgo.

Ahí es donde viene el problema, porque no es que te cobren $2 dólares y quede en ese pequeño fraude, sino que ahora ya les entregaste tu información personal y de pago con tarjeta, por lo que posteriormente se pueden realizar cargos más fuertes en cualquier momento.

Lo que hay que hacer en estos casos es hablar directamente a la paquetería y reportar el número de guía que nos envían, aunque es muy seguro que no haya ningún envío para nosotros ya que comúnmente se hacen intentos de entrega y ahora las paqueterías ya utilizan mensajería directa con datos del receptor, no mensajes ambiguos.

Ofertas y premios

Cuántas veces no has encontrado páginas que te ofrecen ofertas especiales e irrepetibles como aquellas que dicen que vas a encontrar el iPhone 15 pro Max a un precio de $800 pesos, lo que serían unos $40 dólares aproximadamente, y lo último que quieres hacer es desperdiciar esa oferta, en la cual solamente tienes que pagar el envío el cual puede llegar a unos $500 y al final sigue siendo una oferta muy tentadora.

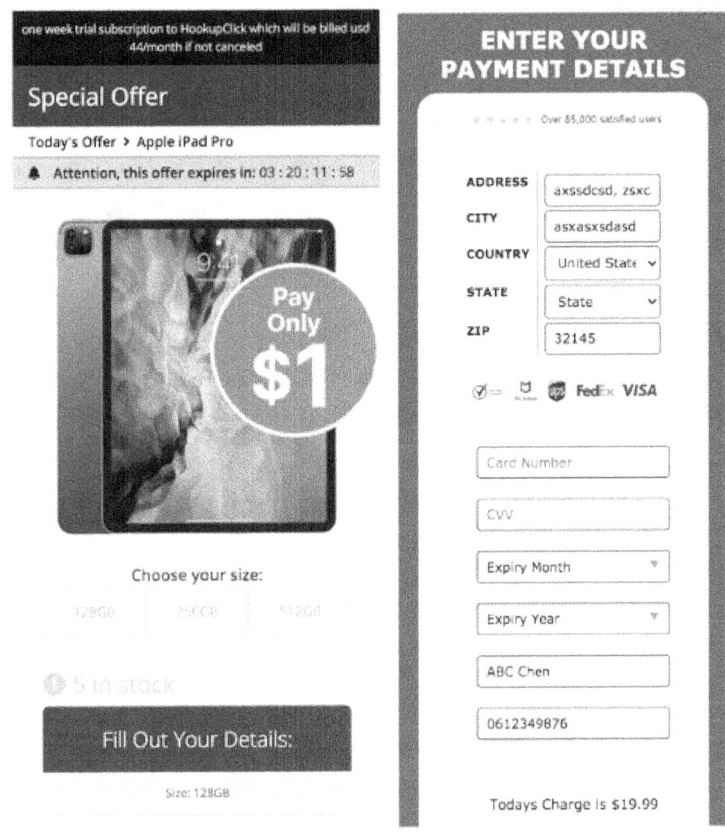

Este problema es exactamente igual al anterior donde en primera nadie te va a enviar un equipo nuevo a un precio al 2% de su costo total y en segunda lo que van a hacer es obtener tus datos bancarios.

Además hay otras páginas que hablan de premios como una que está muy famosa actualmente donde elon musk te va a regalar 0.4 BTC que equivalen aproximadamente a $25,000 dólares, y lo único que tienes que hacer es colocar un código en una página donde te registras y pones toda tu información personal y de documentos.

Pero al momento de querer retirar tu dinero tienes que hacer una pequeña inversión de .04 bitcoins qué equivale a unos $2500 dólares, y lógicamente al ver en tu supuesta cuenta bancaria 0.4 bitcoins listos para ser transferidos pues mucha gente opta por decir "que son $2500 ante $25,000" y acaban pagando.

El consejo es bien sencillo: nunca le des dinero a nadie en internet si no lo conoces personalmente o estás 100% seguro de que es una empresa legal, ya que nadie te va a regalar dinero solo por poner un código que viste en un mensaje de twitter, porque recuerda que **no hay nada gratis en internet y *menos dinero***.

Correos temporales

Hay un tema muy importante del que siempre les hablo que es la **huella digital,** lo cual es el conjunto de datos que tú generas en línea con información personal y sensible que puede contener datos como correo electrónico, teléfonos, direcciones, etc.

Y muchas veces las páginas web solicitan un registro el cual sin falta va ligado a un correo electrónico ya que online sigue siendo la herramienta de comunicación más efectiva.

Y estamos acostumbrados a repartir nuestros datos en todas las páginas que nos solicitan información de una manera indiscriminada, sin detenernos a pensar si ese sitio web lo usaremos, si esa app realmente nos será funcional o si solo estamos probando un servicio que en un par de semanas olvidaremos. Pero por lo pronto ya hemos dejado toda nuestra información en ese portal para que usen nuestros datos a su gusto.

Por ello tienes dos opciones de la cual la primera es utilizar un alias de tu correo Como por ejemplo si tu correo es **micorreo@gmail.com** con solo colocar un símbolo de + y un número tu correo se convierte en un alias de esta manera micorreo+1@gmail.com con lo cual recibiras correos que puedes separar fácilmente en tu bandeja de entrada sabiendo que son páginas que no te interesan mucho.

La otra opción que da más seguridad es que si vas a probar una página o una plataforma y no quieres tener un compromiso de que tenga tu información utilices páginas de correos temporales como **temp-mail** en **https://temp-mail.org/en/** la cual te crea correos que a los 10 minutos de no ser utilizados se destruyen automáticamente y desaparecen.

De esa manera puedes registrarte en cuántas páginas gustes y hacer las pruebas necesarias sin tener que estar registrada en una base de datos permanentemente.

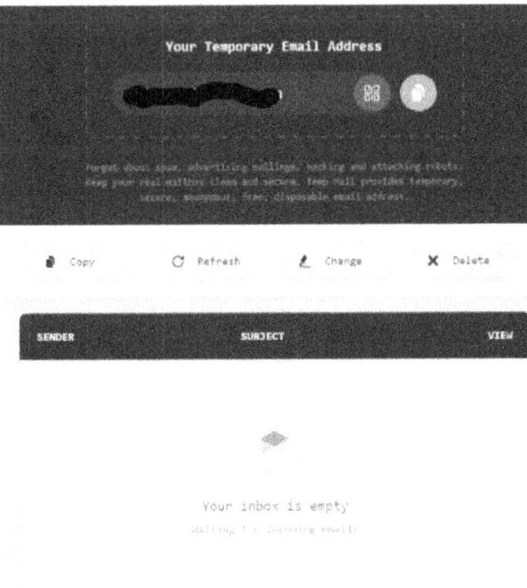

Spam excesivo

El spam excesivo va muy de la mano del punto anterior ya que precisamente al estar utilizando nuestros correos electrónicos en cualquier página que pide datos, al final vamos siendo parte cada vez más de una gran cantidad de bases de datos.

Estas bases de datos pueden ser vulneradas o robadas en su totalidad y distribuidas en foros tanto en la web normal o hasta en la dark web para los usos que quieran darle aquellas personas que los obtengan.

Si en tus correos los recibes regularmente como boletines o promociones lo más fácil es utilizar en tu correo electrónico un pequeño truco que es poner en el buscador de correos la palabra **unsubscribe**

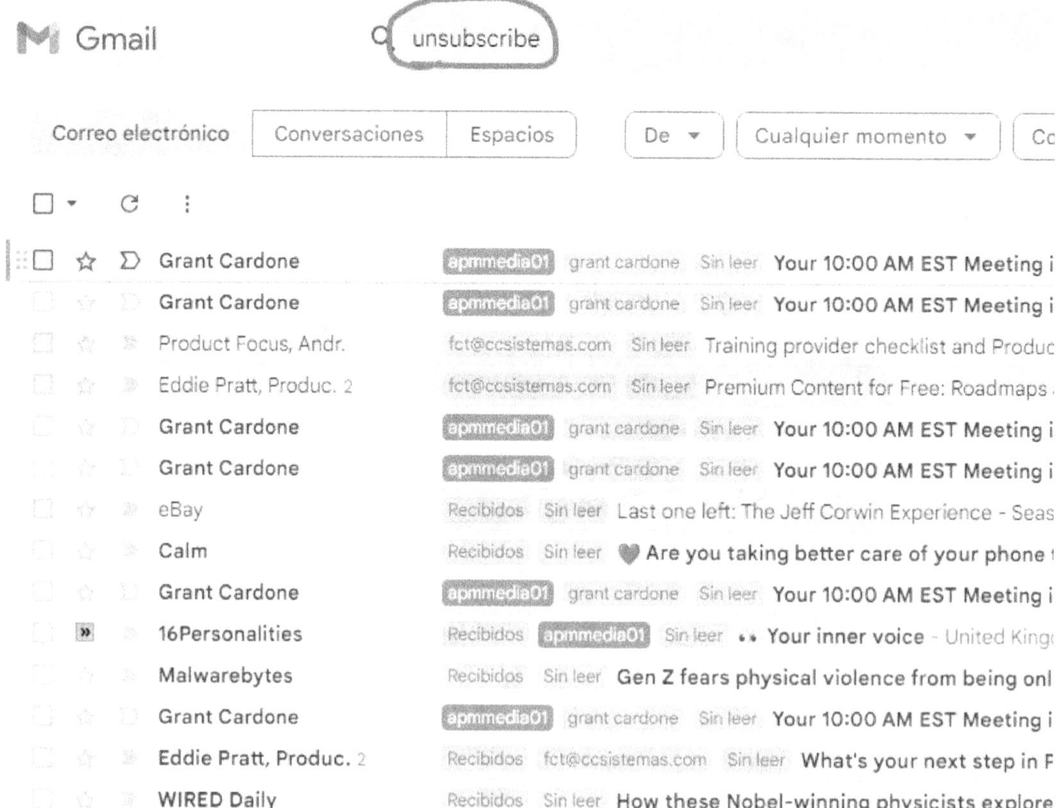

De esta manera encontrarás todos los correos de boletines y promociones a los que sin saber siquiera estás inscrito.

Ahora el trabajo,que aunque sea un proceso largo y cansado, podrás reducir la cantidad de spam comercial ya que puedes entrar a cada correo y darte de baja en todos esos boletines manualmente dando clic en esas ligas.

De esa manera cada que vas recibiendo un correo nuevo siempre busca el botón de eliminar suscripción.

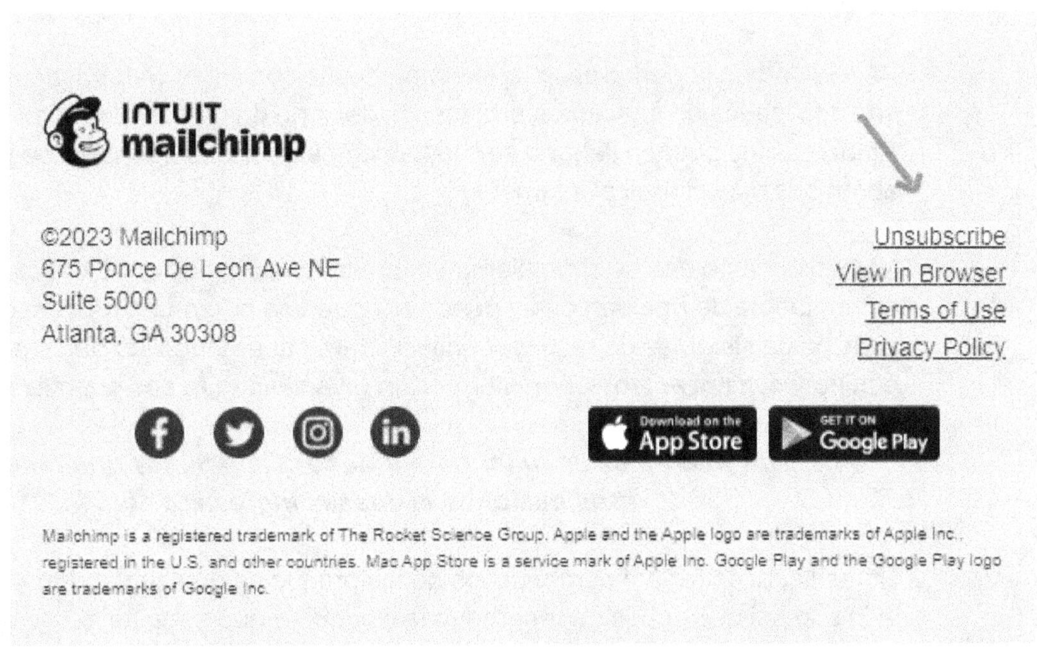

Hay muchas plataformas que ofrecen este servicio con un clic gratuitamente como **cleanfox**, pero estas plataformas reciben demasiada información sensible de ti y todo lo que ellos captan lo venden a terceros lo cual no es muy recomendable Y aunque salgas de unas bases de datos acabarás en otras.

Finalmente si llega el caso de que tu correo electrónico recibe muchas solicitudes de *recuperación de contraseña de redes sociales o plataformas* que usas la recomendaciones cambiar ese correo electrónico por otro ya que si no cuentas con two factor authentication es posible que en algún momento tu correo pueda ser robado.

Dark web

El tema de la Dark web es todo un tema de tabú sobre todo entre los jóvenes al pensar que es un lugar "mágico" donde vas a encontrar cosas inimaginables y lugares que solo encuentras en tus sueños.

Es importante No confundir con la **DEEP WEB** ya que eso es cualquier sitio web que requiere contraseña, ya sean correos electrónicos o redes sociales. La DARK web sólo es accesible por ciertos navegadores como TOR con ligas ONION. Si es HTML no es Dark Web.

La realidad de la dark web es que simplemente son sitios web privados los cuales son accesados en servidores propios, es decir no es un servidor como Google o Amazon si no pueden llegar a ser hasta computadoras personales de personas que abren sus direcciones al internet.

Y precisamente ese es el problema ya que te estás conectando directamente a la computadora de una persona y puede ser que esa persona tenga desde candados o virus hasta sistemas de rastreo y análisis para saber todos los datos posibles de tu equipo y comenzar a obtener información tuya sin que te des cuenta.

La dark web no es un lugar para ir de turista y tienes que tener muchas precauciones si deseas ingresar a ella.

No es ilegal entrar ahí pero muchos de los productos que se venden y comercializan si lo son así que debes de tener mucho cuidado a qué páginas acceden.

De entrada las recomendaciones son tener una máquina virtual, antivirus, VPN y conocimiento en algo de programación para detectar instrucciones en tu equipo, y sobre todo cuidarse de esos tutoriales que hay en redes sociales que dicen que entres desde tu celular tapando la cámara, como si eso fuera a detener un ataque. Además de que entrar por el celular puede ser más vulnerable ya que no cuentas con los equipos y sistemas de seguridad como en una computadora.

Si piensas entrar en la dark web necesitas tener conocimientos, no tomar como juego el ir a visitar páginas peligrosas y mucho menos pensar que es algo novedoso, ya que la navegación es muy lenta, en su mayoría son foros de texto y puedes llegar a encontrar páginas realmente peligrosas.

Como muchas veces les he dicho *si no sabes entrar a dark web no vas a salir solo de ahí.*

Contraseñas

Uno de los elementos de seguridad más importantes siempre serán las contraseñas, y aún así muchas personas no saben generarlas, resguardarlas o utilizarlas correctamente, cuando son a veces lo único que separa tus datos personales e importantes de ser públicos o privados.

Seguridad

La seguridad de las contraseñas es una de las cosas más importantes al momento de pensar en nuestra seguridad ya que es lo que separa nuestra información de ser pública o privada.

Siempre ha existido el consejo de que la contraseña debe de ser lo más compleja posible con símbolos, números, caracteres especiales y una longitud específica, pero realmente con las nuevas herramientas de inteligencia artificial cada vez es más complejo contar con una contraseña segura.

La recomendación que les he hecho muchas veces es utilizar contraseñas **mnemotécnicas,** las cuales en lugar de utilizar números y códigos utilizan palabras y frases mucho muy parecido al formato que utilizan las carteras de cripto con las llaves de seguridad ya que han demostrado que es más complejo descifrar una contraseña con cinco palabras que una contraseña con cinco símbolos.

En primera por la facilidad de recordarlo ya que para recordar tu contraseña solamente tienes que recordar tu "teléfono reloj lentes y gorra" en lugar de los símbolos y números con mayúsculas o minúsculas y en qué posición van.

Puedes utilizar la siguiente página
https://www.security.org/how-secure-is-my-password/
para ver qué tan fácil o difícil sería quebrar tu contraseña, lógicamente No uses tu clave pero puedes usar una similar y de esa manera comparar ambos resultados

Contraseña 12345654321

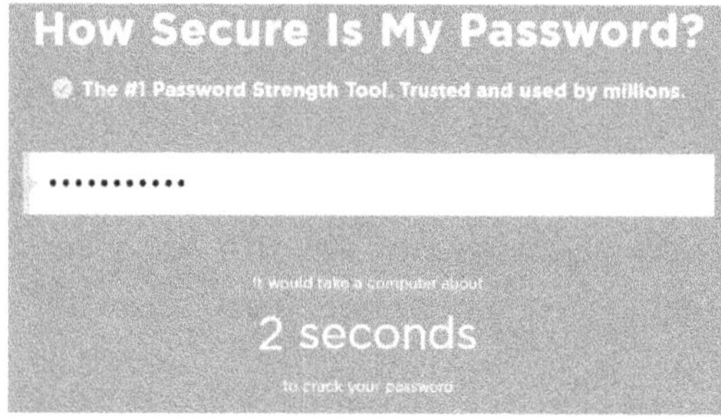

Contraseña Ashd6&!g

Contraseña d978213aA78(!

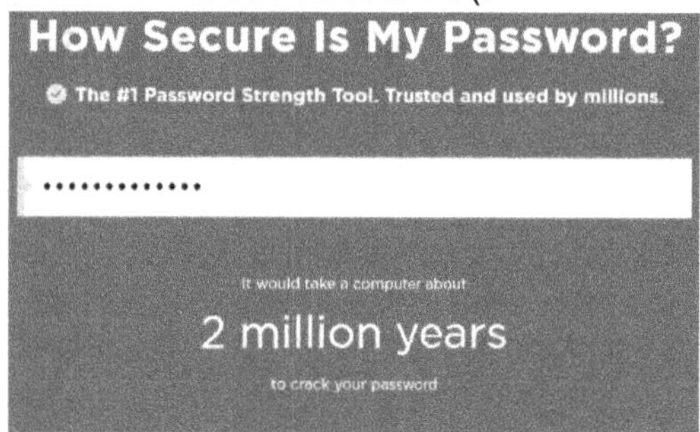

Contraseña telefonorelojlentesgorra

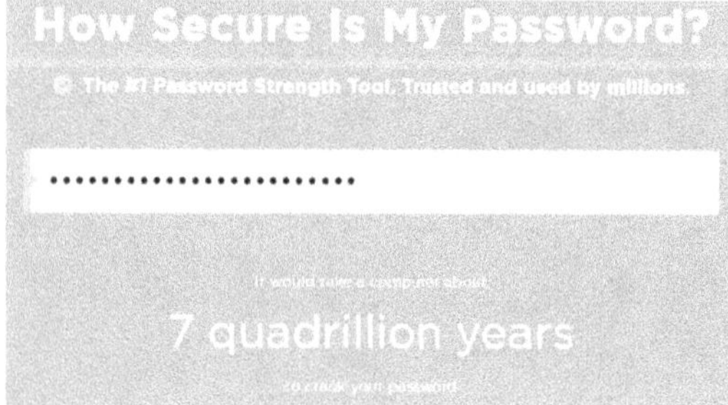

Como puedes ver una clave fácil de recordar es mucho más segura que una serie de símbolos y números.

Gestor de contraseñas

El gestor de contraseñas es una de las herramientas más útiles para múltiples plataformas de correo, sistemas, videojuegos, redes sociales, etc.

Es muy importante nunca usar la misma clave para todos tus sistemas ya que al final puede ser vulnerada una plataforma y todas tus cuentas comprometidas, por ello el gestor de contraseñas solamente utiliza **una clave maestra** y puede generar contraseñas aleatorias automáticamente para cada sitio web las cuales no tienes que volver a recordar, y esas aplicaciones funcionan tanto para celular como para computadora.

Así puedes tener tu *contraseña mnemotécnica* como telefonorelojlentesgorra como hablamos en el punto anterior, y todas las contraseñas internas ponerlas como desees o dejar al sistema que las haga aleatoriamente, ya que el sistema se encarga del servicio completo tanto de crearlas, resguardarlas y usarlas cuando sea necesario.

Ahora también es importante estar atento a noticias o actualizaciones de esas plataformas, ya que por ejemplo **lastpass** fue hackeada en el año 2022.

Es hackeo resultó que eran datos internos de empleados, no de los clientes, pero de todos modos ya el tema de tener un hackeo en una plataforma de contraseñas no te da mucha confianza por lo cual ahora utilizo una que se llama **Bit Warden**, la cual es bastante económica en su versión de paga y tiene una versión gratuita.

Aplicaciones 2FA

Además del modelo básico de *autenticación de dos factores* por SMS o correo, existen las apps de 2fa, que permiten generar códigos aleatorios y únicos en cada acceso al momento de acceder.

El funcionamiento de estas apps es muy sencillo ya que en las plataformas que las permiten solamente debes realizar un escaneo de QR en la mayoría de los casos y de esa manera la app queda conectada a tu app en segundos.

Posteriormente cuando se requiere hacer un acceso se abre la app y en intervalos de 30 segundos en la mayoría genera nuevos números de acceso, sin los cuales no se puede usar la plataforma protegida.

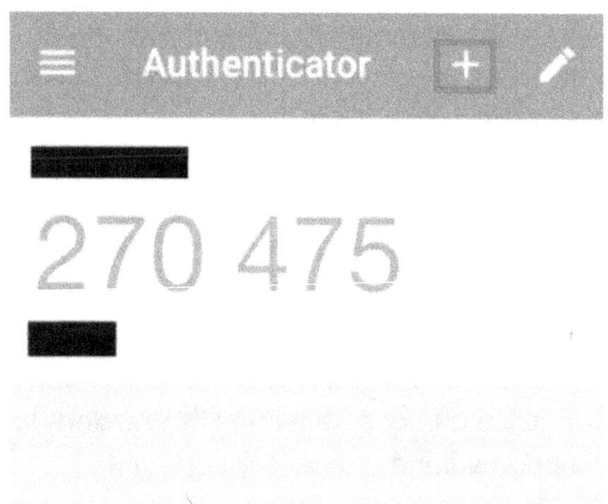

Al ser una app que está instalada en un equipo tiene sus ventajas y desventajas

Ventajas
Fácil de usar e instalar
Rapidez de servicio
No depende de esperar correos o mensajes, la app genera los números automáticamente
Da mayor seguridad al estar contenida en un equipo y no puede ser "robada" como al tomar el chip de un celular y ponerlo en otro

Desventajas
Al quedar conectada al equipo el celular se vuelve la llave de acceso, si se pierde el celular o se daña no se puede usar la app
Restaurar una cuenta con ese servicio es complicado

IMPORTANTE:
Si vas a cambiar de equipo o a formatearlo, es necesario e importante desconectar la app de la plataforma, de lo contrario se debe resetear la cuenta dependiendo de la plataforma en la que se ha dado de alta, causando bastantes problemas y pérdida de tiempo.

Pagos en línea

El tema de pagos online siempre ha sido uno de los puntos de mayor desconfianza entre los internautas porque en ese momento ya es cuando nuestras tarjetas y dinero entran en juego. Estas son recomendaciones para tener cuidado al hacer compras online.

Identificación de paginas confiables

El saber que página es confiable para realizar compras o no es todo un tema ya que las herramientas de cobranza son herramientas disponibles para cualquier persona con pocos conocimientos de programación. Tanto sitios oficiales como sitios no muy legales pueden contar con una plataforma de pagos, y ya depende de cada empresa el manejo que se le da a la información y datos recopilados.

Por ejemplo en tema de páginas fraudulentas podemos encontrar todas aquellas que ofrecen equipos tanto de regalo (solo paga el envío) o que te ofrecen para muestras de tiendas online como Amazon donde tú revisas un producto y te lo quedas. Este tipo de páginas donde encuentras productos de miles de dólares gratuitos a cambio de un envío de unos cuantos dólares ya es en sí un fraude. Piensa que si pueden regalarme un iphone de $1500 dólares, ¿por qué tendrías que pagar $50 dólares de envío?

Lo que realmente buscan esas páginas es **obtener tus datos de pago** porque en este momento puede ser un cargo pequeño pero al contar con toda la información pueden posteriormente realizar cargos sin problemas.

Esos sitios de fraude también pueden ser identificados por la terminación de su página web, que en lugar de ser .com o similares, son de terminación .xyz los cuales son sitios web gratis por determinado tiempo (el suficiente para engañar a unas cuantas personas) y después desaparecen.

No es lo mismo www.banco.com **que** www.banco.xyz

Otra cosa que puedes ver también en el dominio es que sea una página.Ligada a la marca. Por ejemplo, una página web como Apple.com, sabes tú qué es la página oficial de Apple y todos sus productos, pero no es lo mismo que una página **productos-apple.com** como vimos en el punto 12 sobre links falsos.

Y finalmente un sitio web que no cuenta con información legal, términos y condiciones, información de contacto y solamente se ve como una pantalla sin cuidado, no deberías de utilizarla para pagar ningún servicio puesto que puede ser hecha solamente como un portal de pagos para capturar información de tarjetas bancarias.

Plataformas de pago

Una forma de evitar caer en un fraude o cobros innecesarios es utilizar una plataforma de pagos de terceros.

Tenemos plataformas como Paypal, Google pay, Apple pay, Mercadopago, Payoneer y muchas otras.

Para saber cuál es mejor o cuál es más confiable no se cuenta con una tabulación o una calificación que nos pueda decir cuál es la mejor de todas más que los reviews en las tiendas de play store o apple, y además hay algunas plataformas que no reciben todas las mismas formas de pago por lo que si tienes apple pay es posible que no te sirva en todas las plataformas.

En Estados Unidos **Google pay y Apple pay** son muy reconocidas y muy utilizadas por el tema de que pueden estar ligadas a tu teléfono celular y directamente pagas sin siquiera utilizar tarjetas.

Paypal es más utilizada en plataformas de pagos en línea para tiendas online o videojuegos y es una plataforma muy segura y recomendable.

Mercado pago es relativamente nueva en función de las otras plataformas, pero no por ello es mala y además tiene una opción muy interesante la cual te permite hacer una pequeña inversión de hasta $10000 pesos mexicanos para generar un poco de intereses.
Siendo honestos, no vas a obtener unas ganancias inmensas, pero pues es algo diferente a lo que ofrecen otras plataformas y además funciona en ciertos lugares físicos como tiendas de comida.

La ventaja de todas estas plataformas es sencilla: **No proporcionan los datos de pago a las empresas** ya que quienes pagan son las plataformas de pago (como paypal) y se comunican directo con el negocio que vende. De esa manera si hubiera algún hackeo de la empresa vendedora los datos quedan resguardados en la plataforma de pago y no hay riesgos de filtraciones.

Además en caso de alguna eventualidad las plataformas de pago ofrecen servicios de atención al cliente para realizar reembolsos si es necesario y tienen protección al comprador donde pueden levantar quejas formales al vendedor.

La recomendación es siempre buscar empresas de venta en línea que permitan el uso de plataformas de pago para tener mayor seguridad en las transacciones.

Páginas web

Los sitios web, portales, y páginas web siempre son la base de la navegación online, y por ello son un punto clave en cuanto a riesgo de seguridad por el tema de información, rastreos, datos, cookies y páginas falsas que existen donde tenemos que tener cuidado antes de colocar información sensible en ellas.

Páginas falsas

Los sitios web tienen la facilidad de permitirnos el acceso a la información que buscamos online rápidamente, pero existe una gran desventaja donde los sitios web pueden ser clonados o replicados para usos indebidos como robo de información, descargas no permitidas o incluso información falsa y fraudes.

El tema de como saber cual es un sitio oficial y cual es una copia cada vez es más complejo, esto debido a la facilidad de obtener dominios web y servidores en ocasiones de manera gratuita. Con los conocimientos necesarios y el uso de varios métodos como phishing e ingeniería social se puede lograr que los usuarios no se den cuenta de que está navegando en un sitio web falso.

Comúnmente se llega a estos sitios por mails de phishing o links por mensajería directa con invitaciones falsas, un ejemplo de esto sería un sitio como este.

Como puede verse el sitio web desde su link es fácil de identificar, aunque hay veces que usan alfabetos de otro idioma para simular letras y un usuario regular podrá tener un problema encontrando estos casos.

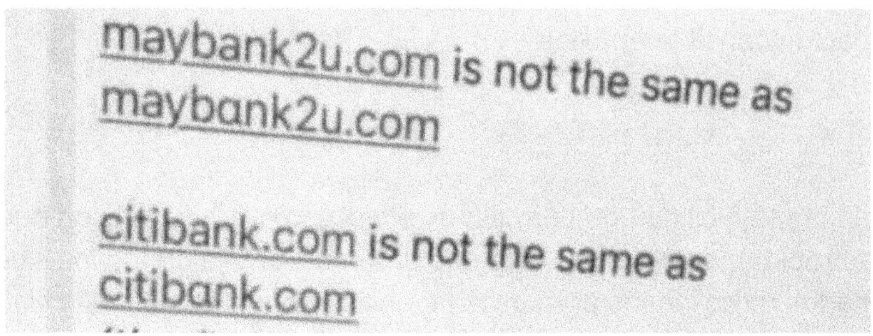

Aunque para un usuario normal la letra "a" es igual, para el código de la página web no lo es y envían a los usuarios a sitios completamente diferentes.

En estos casos tenemos que analizar a detalle la información que nos están presentando y si es realmente el caso de tener que entrar al sitio web

¿Me están dando una oferta irresistible o un riesgo qué debo evitar a toda costa como cargos a mi tarjeta o cancelaciones de mi cuenta?
¿Hice una solicitud de cambio de clave recientemente?
¿Acaso tengo ese servicio que me ofrecen? porque muchas veces nos llegan datos de tarjetas cuyo banco ni usamos, pero solo vemos "tu tarjeta tiene un cargo", y sin darnos cuenta ya entramos a la información del sitio web.

Lo que sí es un hecho es que los sitios web con esos formatos, letras cambiadas, páginas clonadas y solicitud de información no tienen buenas intenciones, por lo que es importante siempre estar alertas de esos detalles.

Páginas dañinas

Todos hemos escuchado de páginas web que ofrecen los servicios de streaming gratuitos, videojuegos sin costo, sitios web donde puedes encontrar información de paga sin usar la tarjeta y muchas otras opciones donde el gancho siempre es la palabra **GRATIS**

Una de las frases que siempre les digo es

"NO HAY NADA GRATIS EN INTERNET"

Ya sea que pagas instalando virus en tus equipos (más del 70% de problemas de ciberseguridad son por piratería), o que estés utilizando servicios de "cuentas de regalo" que en realidad son pagadas con tarjetas clonadas o robadas *(bins y carding que son métodos para usar tarjetas de crédito y débito).*

Pero puedo asegurarte que si no pierde la empresa de desarrollo, el creador del juego o hasta una persona que su tarjeta fue clonada, de alguna manera alguien está pagando por ese contenido al cual tienes acceso sin desembolsar un peso.

Y muchas veces esas páginas no solo ofrecen descargas dañinas con virus sino la misma página tiene problemas de malware y códigos dañinos, phishing, obtención de cookies, robo de datos, etc.

Lo más recomendable siempre para navegar en esas páginas (si lo considera necesario) es contar con un *bloqueador de anuncios* o utilizar el navegador **brave** que bloquea los anuncios, pero además un *bloqueador de malware* como malwarebytes browser guard que es una extensión de navegadores gratuita que analiza y protege los sitios web de enlaces, trackers, descargas y problemas que pueden surgir.

Si esas aplicaciones le dicen que no acceda a un sitio, la recomendación es hacerles caso y no entrar, ya que ninguna herramienta de protección es infalible y ningún sitio de piratería es 100% seguro.

Drive by download

El *drive by download* es un método de ciertas páginas web dañinas que consiste en descargar archivos sin que sean detectados a primera vista o de una manera sigilosa, engañando sobre todo al usuario al hacerlo que dé click en ciertos botones como "aceptar para continuar" o cuando uno desea descargar un archivo y termina descargando otro.

Es común que en páginas piratas aparezcan notificaciones como "tu teléfono tiene virus, descarga este antivirus de inmediato" o notificaciones que si no le da clic en aceptar no podrá abrir o descargar contenido. Esos simples botones de ACEPTAR son los que desencadenan la descarga no deseada o ejecución de ciertos procesos en los navegadores.

Esto es una práctica común que puede causar dos problemas.

El usuario desea descargar un archivo (algún programa en una página no muy legal) y de esa manera obtiene la app, pero es un instalador oculto.

Dicho instalador al abrirlo comienza a instalar apps adicionales que si no se pone atención después de un tiempo comienza a descargar más archivos o apps en segundo plano, y al final en lugar de descargar un programa descargó un troyano con cinco programas adicionales que roban información.

El usuario no se da cuenta y se descarga un archivo "camuflado" el cual puede ser nombrado como un pdf con doble extensión como vimos en un punto anterior (documento.pdf.exe) y muchas veces al estar revisando las descargas o archivos el usuario encuentra documentos "raros" que por curiosidad los abren y es cuando todo se viene abajo.

La manera más segura de estar navegando o descargando archivos un poco fuera de la ley es sencilla:

Si no desean invertir en un juego, en un programa para su trabajo, en una app para celular o en streaming para diversión, deben invertir forzosamente en un antivirus.

Los antivirus gratis son medianamente útiles y no dan el funcionamiento completo de protección por lo que sí es recomendable siempre tener esa herramienta de pago.

Protección online (browser guard)

Se mencionó en el punto de los sitios y páginas dañinas, y en este apartado hablaré de las funciones que ofrece y por que es necesario tenerlo activo en todo momento en la navegación, ya sea legal o no.

Además de que una gran ventaja es que esta herramienta es gratis.

El browser guard se instala en la tienda Chrome para cualquier navegador chromium como Brave, chrome, Edge, vivaldi, etc.

La instalación es sencilla y solo es necesario activarlo

Este complemento permite estar analizando en tiempo real todos los sitios web que se abren y protegiendo de trackers (rastreo de datos), páginas maliciosas, descargas no permitidas etc.

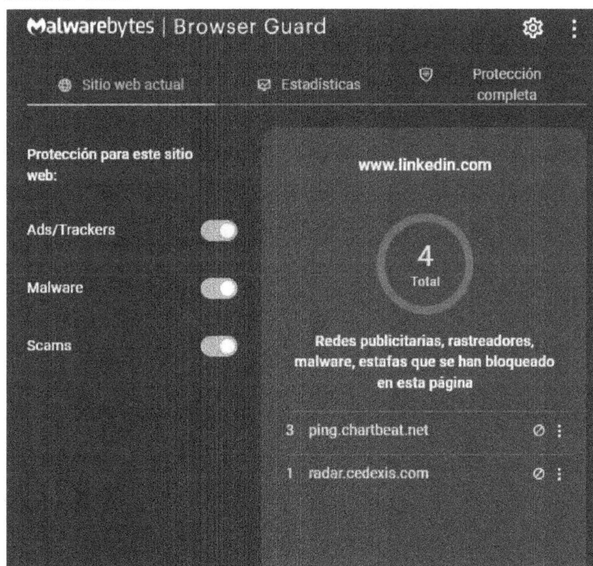

Algo muy importante es que este **no es un antivirus**, solo es un filtro que permite avisar y bloquear riesgos, pero si se descargan apps y archivos se debe contar con un antivirus para evitar cualquier problema.

Privacidad online

El tema de la privacidad muchas veces es interpretado como que una persona puede navegar en cuanto sitio encuentra y al usar pestañas de modo incógnito está protegido de amenazas o "miradas" indiscretas ya sea de familiares, colaboradores o hasta la autoridad.

El usar el modo incógnito lo único que hace es evitar guardar cookies e historial en el navegador, pero temas de navegación y sitios web pueden ser analizados de otras maneras en redes domésticas y no se diga en redes empresariales que pueden rastrear todo el uso de los dispositivos.

En algunos casos algunos modems o routers también guardan esa información para llevar un tema de cache de navegación y hacer más rápido el acceso.

En redes privadas el ISP (proveedor de internet) puede tener en algunos casos acceso al historial de navegación de las personas por temas de seguridad si la autoridad lo solicita.

Y finalmente usar redes públicas o abiertas es el lugar más expuesto para la navegación ya que en un caso positivo está siendo conectado a una red como Starbucks el cual puede ser vulnerado. En el peor de los casos se ha conectado a servicios de "*honeypot*" los cuales son redes falsas que simulan ser ese mismo starbucks, pero en realidad toda la información que está siendo transmitida está siendo capturada y analizada.

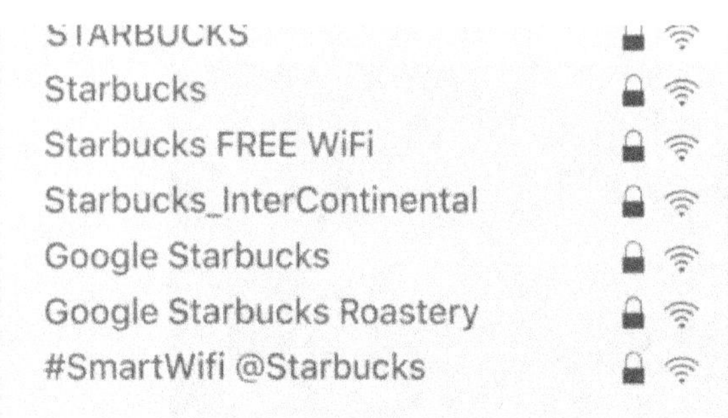

Para navegar de manera "privada" se deben contar con varios elementos, desde temas de vpn, máquinas virtuales, spoof de IP, spoof de MAC, y muchos otros elementos que en un video de 60 segundos no podrías aprender. En puntos posteriores hablaremos de las VPN para seguridad en redes públicas.

La recomendación es cuidar la navegación y uso que se da del internet, evitar sitios por morbo y por curiosidad y tener mucho cuidado con el equipo donde se está navegando ya que como en puntos anteriores hemos visto, temas de páginas dañinas, downloads no autorizados o rastreo pueden suceder en estos sitios y nuestra información es vulnerable en todo momento si no tenemos el cuidado de ella.

Navegadores recomendados

Para la navegación web queremos dos puntos clave: **Velocidad y seguridad.**

Pero últimamente debido a la proliferación de tantos anuncios, trackers, sitios peligrosos y temas que hacen que la navegación sea ya estar navegando en un campo de minas, hemos optado muchas veces por usar navegadores que no solo sean rápidos y seguros sino además bloquean anuncios.

En una parte es cómodo estar navegando sin anuncios en youtube, sin ver promociones en páginas de blogs o leer un periódico online sin perderse en 200 secciones de las cuales 180 son anuncios.

Entonces por ello navegadores como BRAVE son la elección primordial para los usuarios que quieren navegar sin tanta molestia.

Los navegadores con base Chromium (como google chrome) que hacen esos servicios y han emulado los servicios de Brave son Vivaldi, Opera y recientemente Edge. Chrome se ha quedado atrás principalmente por el tema de que los anuncios de google(adsense) y youtube pertenecen a google, por lo que su navegador no bloquearía al 100% esos anuncios.

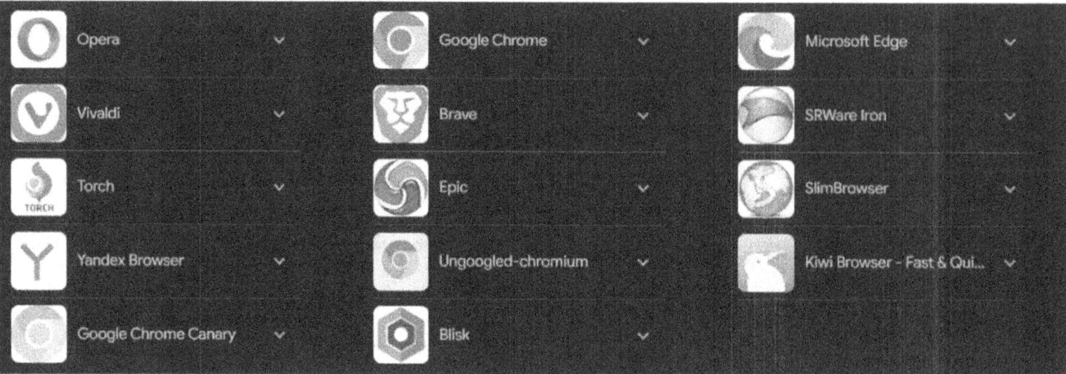

Aunque con el uso de extensiones cualquier navegador Chromium puede ser mejorado, ya sea con extensiones como adblock y la extensión de malwarebytes de las cuales hemos hablado anteriormente.

Lo único que debes analizar al momento de usar bloqueadores, ya sean directo del navegador o con extensiones, es que tanto afectas al creador o escritor al cual sigues y decides apoyar. Esto debido a que los ingresos de todos los creadores se ven disminuidos por estos servicios de bloqueo al no recibir ingresos por los anuncios que les estás bloqueando.

Mi recomendación es que si vas a ver un video, o abrir un sitio web y te solicita que desconectes tus bloqueadores, lo hagas si es que deseas apoyar al creador que visitas. Muchas veces nos hemos acostumbrado a no querer anuncios pero a veces es la única forma de que estos creadores generen un ingreso para seguir dándote contenido de calidad.

VPN

La VPN es una de las herramientas "mágicas" que se han dado a conocer últimamente en videos de redes sociales como las protectoras de "privacidad y seguridad" en internet.

Pero muchas veces se exageran las funciones de las mismas, y también el usarlas o no depende de los usos y hábitos de navegación de cada usuario.

Por ejemplo, un usuario que navega en su casa, con su propia línea de internet, por sitios web legales y públicos, como pueden ser de noticias o para trabajo, no requieren en lo más mínimo una VPN.

Una VPN se usa para resguardar los datos de ubicación e IP de las personas al navegar pero se usa principalmente en redes públicas donde sí existe un riesgo latente de un robo de datos e información.

Además el creer que contar con una VPN da seguridad para navegación en "sitios peligrosos" es erróneo. Sería mejor analizar si realmente se tiene la necesidad de navegar en esas páginas antes de estar buscando cómo protegerse, ya que una VPN *no es un antivirus*, solamente cambia la dirección IP de los equipos y encripta datos para que no puedan ser leídos.

Donde es recomendable usar una VPN
en lugares con redes de internet públicas
Si se desea acceder a datos e información no disponible en un país (como contenido de Netflix de Japón estando en México)
Si se va a acceder a sitios de alto riesgo como páginas onion (dark web)

Donde no es necesario
En redes personales (casa y oficina)
En páginas web regulares como portales de noticias

Mucho del temor que se tiene por lo cual se usa la VPN es porque "nos espían", pero es mucha más la información que nosotros proveemos libremente al instalar apps indiscriminadamente, registrarnos en portales o sitios sin razón alguna y al navegar en ciertos sitios web. El que proveedores de internet y plataformas recopilan información es un hecho pero si al final usamos correos electrónicos personales o información real sin notarlo pues no importa cuantas VPN se tengan, nosotros mismos regalamos toda la información.

DNS

Otro de los temas más difundidos en redes sociales es que *"al cambiar el DNS mejora tu internet"*, cuando realmente tiene otros usos y muchas veces sucede lo contrario: nuestra velocidad de conexión disminuye.

Los DNS son el *Domain Name System*, o sistema de nombres de dominio, lo cual significa que por ejemplo una página como **amazon.com** tiene un DNS de 169.254.169.253 por ejemplo. La función es usar un nombre reconocible para el humano porque sería un problema entrar a 169.254.169.253 para ir a amazon.com.

Por ello estos trucos de "borra los dns de tu computadora" para hacer más rápido tu internet son contraproducentes y no funcionan ya que lo único que hacen es quitarle el nombre a la dirección, pero realmente no influye en tu conexión.

Ahora el tema de la velocidad, conexión y seguridad es debatido debido a que los servicios funcionan cuando se encuentran cercanos a los servidores a los que se conectan. Es decir, si estoy en Nueva York el DNS 1.1.1.1 me servirá mucho más que si estuviera en México para una conexión rápida.

Muchas veces es cuestión de probar y analizar si realmente se tiene ese gran cambio de velocidad, que muchas veces es imperceptible.

En cuanto a seguridad se pueden usar los DNS públicos de google como 8.8.8.8 o de cloudflare que son 1.1.1.1 para tener tanto más seguridad y "velocidad" ya que son servidores que cuando una persona navega debe pasar toda la info por ahí antes de llegar a la computadora, ya que regularmente pasa por el proveedor de servicio y viene el tema del "espionaje", siendo la idea de que los servidores de google y cloudflare no recopilan información de navegación.

Existen otros servicios como Adguard con dns propios que son **dns.adguard.com** (no están en número) pero estos permiten bloquear los anuncios directamente desde el sistema, por lo que no necesitamos un programa adicional para hacerlo y cualquier programa con internet al usar esos DNS bloquea todos los anuncios ya sea página web o app de juegos donde abundan los anuncios.

La recomendación final es analizar qué te sirve más en el uso diario, ya sea bloqueo de anuncios (adguard) o probar si realmente son más rápidos con google o cloudflare, pero como siempre dependerá de la ubicación y la conexión de internet que poseas.

Acceso con redes sociales o cuentas

¿Por qué no es recomendable entrar con redes sociales a cualquier plataforma que así lo solicita?

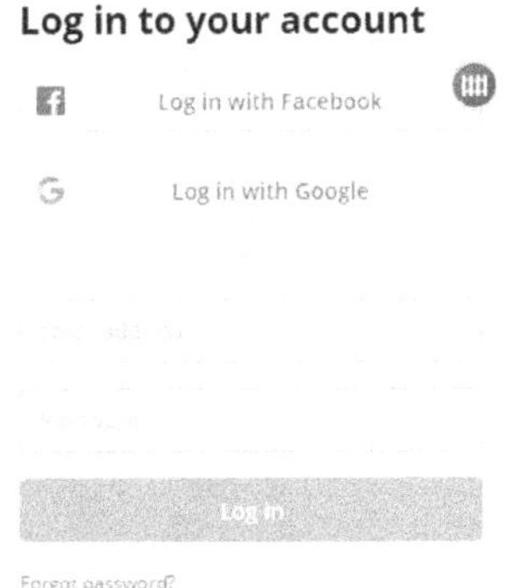

No se recomienda usar esos accesos por la sencilla razón de que no solo obtienen nuestra correo electrónico al registrarnos, sino que conectan nuestra red social a la plataforma y pueden obtener más datos de nosotros (fechas de nacimiento, listas de amigos, información demográfica) ya que esa información la tienen las redes sociales.

Además que muchas veces nos registramos en páginas para probar o revisar algún servicio que terminamos no usándolo y solamente pasamos a ser parte de sus bases de datos como ya se habló en la sección de correos temporales. El usar tu conexión a redes sociales es todavía menos recomendable ya que no recibes avisos de que tu red está conectada y debes desconectar manualmente tus redes sociales de las páginas.

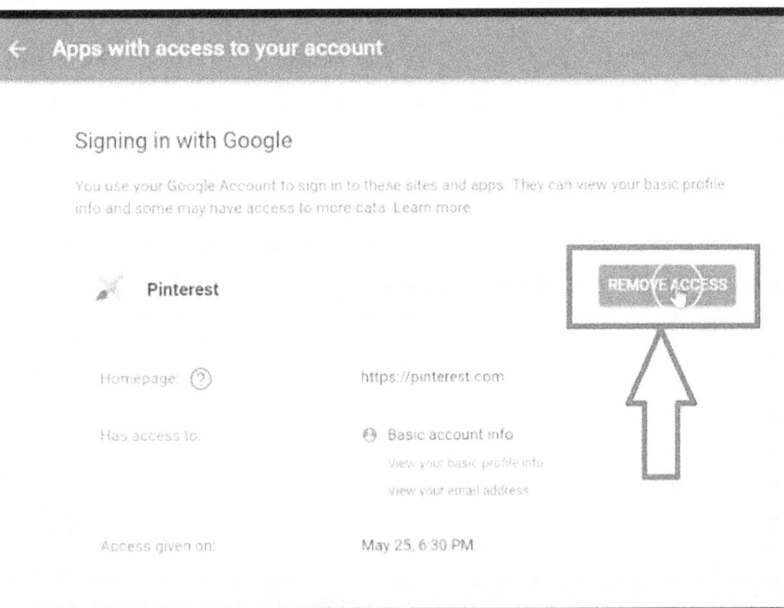

Además cuando una empresa online es hackeada lo primero que se llevan son sus bases de datos, la pregunta es que encontrarán de tí, ¿solo un nombre y correo o la información completa de tu perfil de redes sociales?

Cookies

Las cookies son códigos pequeños pero muy poderosos ya que pueden alojar información tan sencilla como la hora de acceso hasta datos importantes como contraseñas y credenciales de acceso.

Una cookie se usa comúnmente para poder tener un control y análisis sobre quien visita el sitio web, que hace durante su visita, que productos ve (y cuales no ve) y de esa manera tener un historial muy puntualizado sobre lo que hace un usuario al llegar a una página web, pero también lo que hace cuando sale de ella.

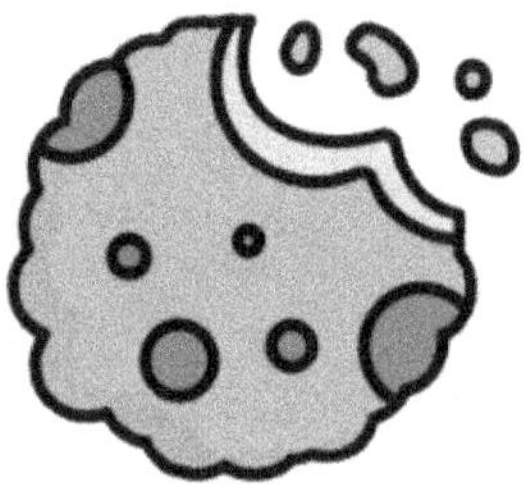

Por eso muchas veces aún cuando ha dejado de ver un sitio web de tenis deportivos, esos mismos tenis pueden seguir apareciendo en anuncios posteriores a la visita por varios días (hasta 90 días) usando técnicas de remarketing para invitar al usuario a volver al sitio.

Saber que puso en el carrito de compras y si compro o no, saber cuántas páginas abre y cuales son las más importantes para la mayoría de usuarios, que áreas de la página web causan que el usuario abandone completamente, etc. Son una herramienta muy útil para datos de uso.

Pero por lo mismo también generan mucha información del usuario, y en casos como Youtube por ejemplo o discord, cuentan en sus sitios web con códigos de sesión, que permiten que un usuario al entrar con usuario y contraseña no tenga que estar poniendo claves cada minuto al permitir que la sesión siga abierta, y son esas cookies son las que se encuentran más en riesgo por programas maliciosos.

Existen programas dañinos que puede que no te causen problemas, pero si detectan ciertos procesos de acceso a youtube por ejemplo, tomarán la COOKIE con todos los códigos, la transmiten a un atacante y este puede acceder a tu cuenta aunque tengas la contraseña más segura y la llave de 2fa física, ya que está "clonando" tu acceso al sitio web como si fueras tú mismo.

Por ello es primordial en cuentas importantes, que moneticen o tengan buena cantidad de interacciones, contar con un antivirus y cuidar realmente que se descarga y qué páginas se visitan, ya que no sabemos en qué momento un programa malicioso puede llevarse todo el fruto de nuestro trabajo en segundos.

Rastreadores

Los trackers o rastreadores son como las cookies, pequeños programas o códigos encargados de recopilar información y de enviarla a las páginas o empresas que los están distribuyendo.

El principal uso de un tracker es llevar un registro de uso, clicks, páginas, aperturas, etc. muy similares a las cookies, pero el tracker está más enfocado al tema de análisis para marketing y plataformas como google y Facebook.

Mientras que una cookie le da información al sitio web en el que se encuentra y la empresa que lo utiliza, el tracker permite usar esa información para temas de anuncios y promociones como anuncios de google y facebook y es usado para las campañas de marketing pagado en esas plataformas.

Tanto el tracker como la cookie rastrean información, la diferencia es quien la recibe.

Además de que el tracker puede ser incrustado en una página junto con muchos más trackers para diferentes plataformas, principalmente relacionadas con anuncios de paga.

En el caso de páginas piratas o maliciosas los trackers tienen mucha más información de la que quisiéramos otorgar, además de que pueden ser usados para otros fines maliciosos si se desea al estar recopilando información para temas de drive by download donde analizan el equipo en busca de sistemas antivirus y cómo reaccionar ante ellos.

Un ejemplo de una página saturada de rastreadores es forotv para ver anime y películas japonesas, con más de 300 rastreadores por página.

Una contramedida es usar **Malwarebytes browser guard** que bloquea todos estos rastreadores y evita fuga de datos.

Pirateria

La piratería es la causante de más del 70% de los problemas de ciberseguridad relacionados con filtración de datos, fallas en equipos y pérdida de documentos. Muchos le llaman un "mal necesario" por el hecho de que pueden obtener productos o que no se pueden obtener por canales formales, pero a veces esos canales alternos llevan mucho más que solo el programa que están buscando.

Problemas de pirateria

Todo mundo en algún momento de la vida ha tenido algún producto no original o como comúnmente le conocemos, *pirata*.
Desde productos físicos hasta digitales, la piratería es parte ya de nuestra economía nos guste o no, con todas las afectaciones y "beneficios" que conlleva.

Pero la piratería antes era un poco más *inocua* por así decirlo ya que tú podías comprar un disco el cual se reproducía en tu reproductor de dvds y el único problema real era en el mercado, donde el creador no recibía regalías de su producto. Vivimos infinidad de campañas de "Di no a la piratería" las cuales medianamente funcionaron por decir que no lo hicieron.

Pero ahora con el internet esa película o juego que antes comprabas puedes descargarlo directamente a tu teléfono o computadora en cualquier momento de forma libre solamente con buscar en google o en alguna página dedicada a ese servicio.

El riesgo más importante sobre estas prácticas es qué puede incluir virus, algún tipo de malware espía o de anuncios, troyanos o programas que pueden desde robar contraseñas hasta apropiarse completamente de tu teléfono.

Peor aún es el hecho de que la piratería antes solamente quedaba contenida en un reproductor de DVD y un disco, ahora el archivo malicioso está conviviendo con tu información bancaria, contactos personales, imágenes y videos, datos personales o información y archivos de trabajo, lo cual hace que la piratería adquiera un riesgo mucho mayor al que tenía antes debido a esa **conexión ilimitada** que tenemos todos en nuestros equipos

Hay que ser claros que la piratería nunca va a terminar y no por este libro o algunos videos de redes sociales va a dejar de existir. El punto de este material es advertir y visibilizar los riesgos reales de la piratería, la cual no es ni será nunca una personas que emula a Robin Hood para ayudar a los demás, sino que siempre buscará un beneficio detrás de todo.

Lo primero que hay que tener en cuenta es estar alertas de dónde se descarga el contenido, y después analizar lo que realmente descargan, ya que muchas veces se bajan archivos que se creen que son el archivo buscado, pero en realidad es un programa completamente distinto.

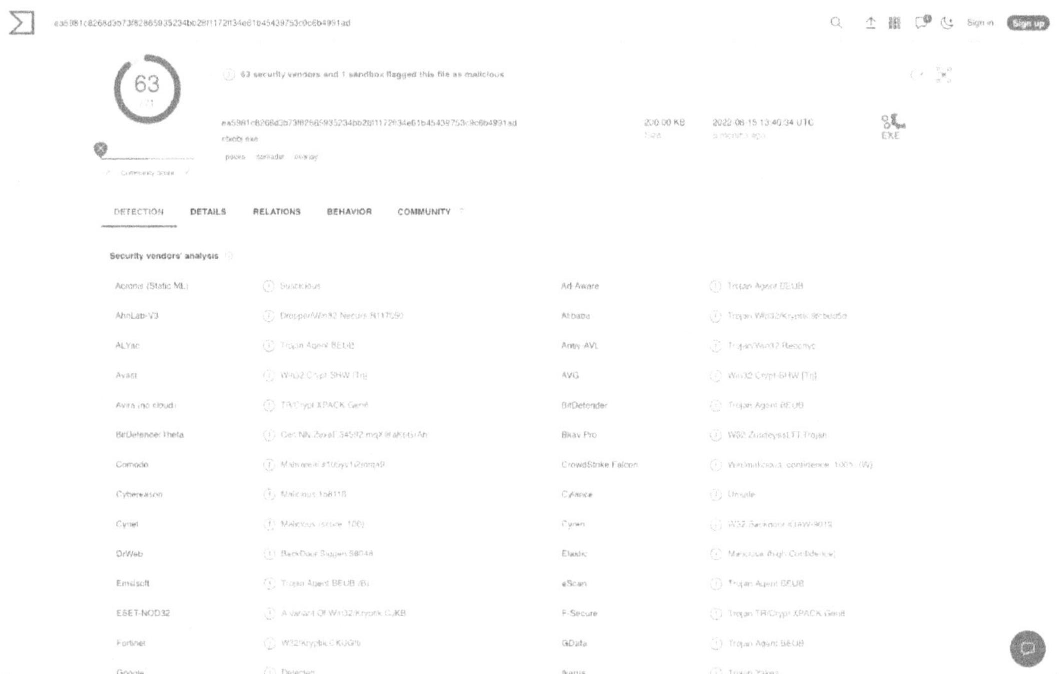

Página de VIRUSTOTAL con análisis de archivos maliciosos.

Como un ejemplo uno de los juegos más buscados en internet es GTAV, el cual en su momento obtuvo una gran atención y muchísimos sitios ofrecían la descarga del mismo hasta en celular, aprovechándose de la fama del juego y muchas veces de la inocencia del usuario.

Esto debido a que el juego en cuestión tenía un tamaño en disco de aproximadamente 100 GB, fue realizado para computadoras y consolas, y los programas y páginas que prometían la descarga del juego ofrecían un archivo de solo 80 MB (menos del 1% de su tamaño) el cual era solamente el video de inicio y una gran cantidad de archivos maliciosos.

En cuanto a la piratería siempre les he dado un consejo sencillo ya que sé que no se puede impedir su consumo, pero sí les recomiendo que *si no van a invertir en su diversión como streaming o videojuegos, en programas de ocio o para trabajar, **en lo que si deben invertir es en su seguridad.***

Para esa función lo mejor es siempre contar con un antivirus de paga que pueda analizar en tiempo real el equipo de cualquier amenaza.

Hablaremos de ello más adelante.

Programas alternativos

Muchas veces la piratería nos "ayuda" por el tema de que requerimos un programa o sistema que no podemos adquirir por tema de ubicación geográfica o por costos prohibitivos.

Programas como Office o Photoshop para editar fotos nos hacen siempre estar buscando las opciones gratuitas en la mayoría de los casos principalmente por temas de costos sobre todo en el tema de estudiantes.

Pero muchas veces estamos pensando solamente con la mente en el marketing que han creado las marcas porque Office no es el único programa capaz de hacer archivos de escritura y tablas de datos o Photoshop no es la única plataforma que puede editar imágenes.

Existe una página que se llama **Alternativeto.net** la cual te permite encontrar precisamente alternativas a las plataformas más comunes en versiones tanto gratuitas como de paga.

Ahora esto no quiere decir que vas a encontrar una opción **pirata y craqueada** sino que vas a encontrar un programa que suplante precisamente tu necesidad de estar crackeando un office o un Photoshop.

Porque recuerda algo muy importante:
Tú no quieres un **Office** sino que lo que buscas es un programa que habrá documentos *.doc, .xls y .ppt*
Tú no quieres un **Photoshop** tú quieres un editor de imágenes
Tú no quieres **Adobe premiere** sino que quieres un editor de videos

Entonces esta página de *Alternativeto* te va a ofrecer una gran cantidad de alternativas precisamente, las cuales puedes descargar sin riesgos y sin problemas y sin piratería.

Encontrarás programas abiertos de uso libre o encontrarás programas con versiones gratuitas y limitadas como **da Vinci resolve** que permiten hacer todo lo que haces actualmente y en muchas ocasiones mucho más fácil como en el caso de **libreoffice** que reemplaza a office de Microsoft. Es recomendable antes de piratear software revisar este sitio por una alternativa segura.

Opciones gratuitas a considerar

Como hable en el punto anterior sobre alternativas, es lógico que hable sobre esas opciones gratuitas que puedes encontrar de los programas más conocidos y buscados por los usuarios en internet.

Para la suite de Office, con word, excel y power point.
Puedes encontrar programas como *Libre Office, Wps Office u openoffice,* que para un usuario regular pueden dar exactamente el mismo resultado con una vista e interfaz diferente, pero al final realiza los mismos servicios.

Para programas de edición de imágenes

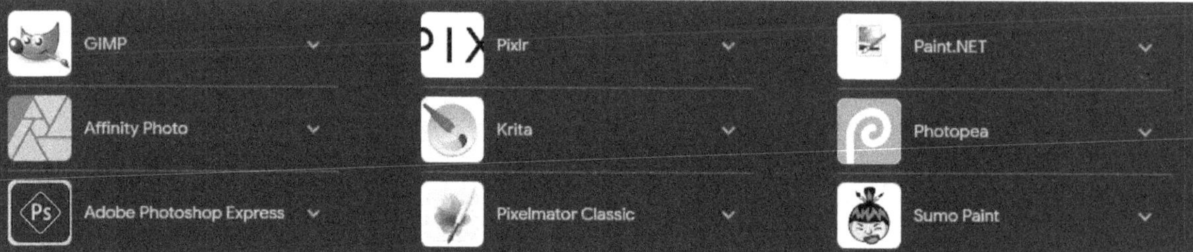

Cuando pensamos en edición de imagen siempre pensamos en *photoshop*, pero hay programas que lo emulan tanto localmente en el equipo como online.
Las alternativas gratis para photoshop con **GIMP** como un programa idéntico casi a photoshop de manera gratuita o **Photopea**, el cual es un photoshop online. Este trabaja un poco más lento debido al sistema de servicio online pero para edición de imágenes funciona igual que photoshop para el usuario regular de edición de imagen.

Si buscas una alternativa a **Illustrator** puedes utilizar Inkscape de manera gratuita.

Para editores de vídeo el programa de preferencia siempre es **Premiere de Adobe**, pero una alternativa potente, fácil de usar y que no requiere un equipo tan sofisticado es **Davinci Resolve**, la cual puede ofrecer servicios de edición no linear en capas de la misma manera que premiere.

En cuanto a sistemas para edición de audio se usa también de adobe el sistema de **Audition**, el cual ofrece un gran sistema de edición de sonido, pero existe un sistema relativamente básico pero muy poderoso llamado **Audacity** que puede reemplazarlo si no requieres un servicio profesional.

Como alternativa por ejemplo a apps como **spotify** puedes encontrar a **trebel** que es gratuita y aunque tiene anuncios no son intrusivos, permitiendo descargar una canción por 5 segundos de anuncios y poder escucharla offline.

Editor de video en android como **capcut** el cual por temas de privacidad no es recomendable usarlo para videos personales, puedo recomendarte **VNvídeo editor** el cual es gratuito de igual manera.

Como puedes ver hay muchas opciones para realizar trabajos, ediciones, textos, presentaciones, etc. Recuerda que no buscas un "office", sino un programa que abra archivos .doc

Torrents

Los torrents son un modelo de transmisión de datos basado en usuarios no en servidores.

Es decir en lugar de bajar un archivo de una página web, el archivo es repartido entre todas las personas que lo tienen y estos a su vez se encargan de permitir que otras personas descarguen partes del archivo simultáneamente, haciéndolo la manera más sencilla y rápida de obtener archivos online.Esto fue muy difundido por programas como NAPSTER para música y por páginas como THE PIRATE BAY que solo ofrece torrents.

Pero al mismo tiempo esa gran ventaja es una gran vulnerabilidad, ya que los torrents pueden ser vulnerados por cualquier persona con malas intenciones y repartir un programa malicioso en lugar del archivo que se está solicitando, más aún que cuando se está distribuyendo no podemos saber que contiene el archivo de descarga hasta que está completamente descargado.

Además de que hay programas como uTorrent que en sí son programas maliciosos por la cantidad de permisos que tienen sobre tu equipo y la posibilidad de instalar apps sin permiso.

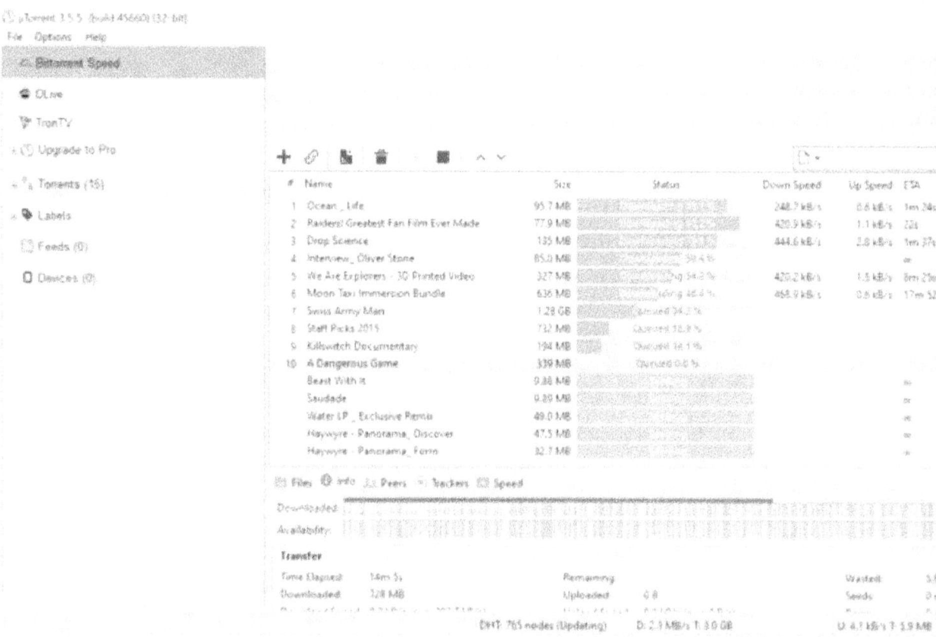

Claro que hay torrents oficiales ilegales porque es una manera muy optimizada de transmitir archivos, como los sistemas operativos de Linux que los descargas en Torrent, pero la recomendación sobre el uso de torrents es sencilla:

No usarlos en celular y si no cuentas con antivirus en tu PC no descargues esos archivos ya que puedes recibir un programa completamente diferente a lo que esperas.

NO HAY NADA GRATIS EN INTERNET

Yo creo que sí hay una frase que siempre repito y por la que mucha gente me conoce es precisamente esa frase de que **no hay nada gratis en internet**.

Claro que algunos me conocerán por decir que TODO TIENE VIRUS ☐(lo cual no es cierto) pero el punto es precisamente eso: nosotros pensamos que si un documento, archivo, programa, juego o una aplicación están online disponibles en un buscador, cualquier persona puede tomarla libremente sin tener que pagar un peso.

Ahora CLARO que hay sistemas como los Open source o GNU de librerías abiertas que son sistemas especializados y enfocados en ser distribuidos libremente para que otras personas puedan contribuir a mejorar los sistemas Como por ejemplo Linux, moodle o blender.

Pero de igual manera estos programas funcionan con las donaciones y el apoyo de sus usuarios y siempre está la opción de realizar un pago por sistemas aunque nadie los pague como el gratis por siempre WINRAR

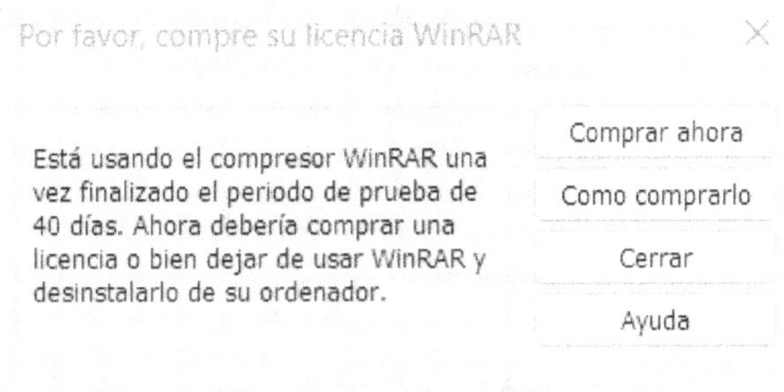

En el tema de programas o sistemas de streaming como Netflix o HBO, donde tú crees que una aplicación realizada por el *Robin Hood del año 2023,* donde te dice "toma todo gratis, no me pagues ni con donaciones, solamente úsala. La hice solo para apoyar a quienes no podemos pagar estos programas", déjame decirte que si no lo pagas tú como bien dice la frase, puede que **tú seas el producto** como en el caso de las redes sociales y *si no lo pagas tú y tú no eres el producto* **alguien está pagando por ti** ya sea el desarrollador o creador del juego o la persona a la cual la cuenta de streaming le fue robada.

Siempre piensa que de alguna manera alguien va a obtener un beneficio de que tú utilices esos programas, desde lo más básico que es saturar de anuncios o crear apps falsas que SOLO son anuncios y nunca llegas al contenido, o insertando algún tipo de malware que obtenga información privada de tu teléfono y posteriormente pueda ser utilizada en tu contra para que realmente pagues en alguna extorsión o en alguna manera ilícita.

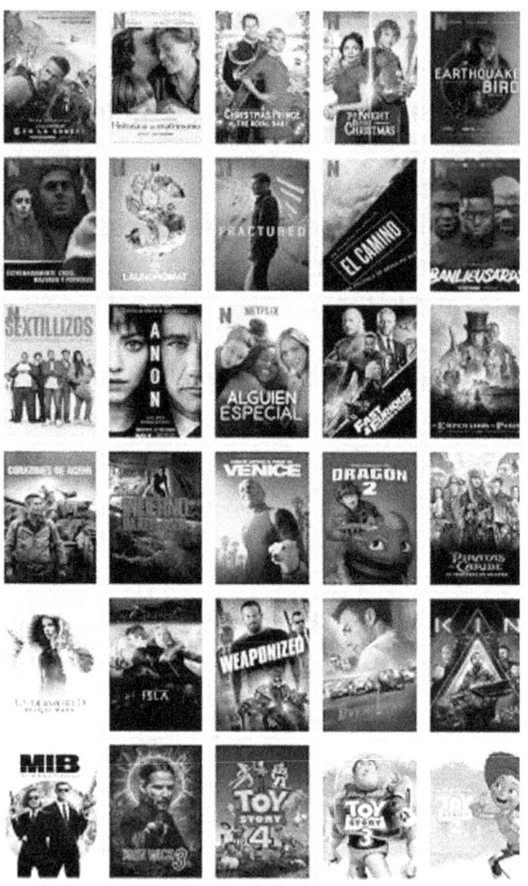

Apps que ofrecen todo el contenido en un solo lugar.

Al final lo que buscan al desarrollar o crear esas apps de contenido restringido es obtener recursos con anuncios, convirtiendo a tu celular en un sistema de minado de anuncios y dinero con tus recursos (energía, internet, procesador), con tus datos por medio de fraudes o extorsión o colocando programas de extracción de datos. Recuerda que lo más valioso en internet no es el dinero, sino la información ya que con ello puedes obtener mucho más dinero que andar "hackeando" las cuentas bancarias de las personas.

Así que la próxima vez que alguien te ofrezca una aplicación mágica que pueda ofrecerte todos los servicios de televisión de streaming o todos los juegos gratis que quieras tener piensa dos veces porque te la están regalando y que obtienen ellos de ti.

Piratería de Paga

Ahora si no es suficiente con los riesgos de aplicaciones piratas y sitios web que distribuyen contenido ilegalmente de manera indiscriminada con todos los riesgos para las personas que conlleva el bajar aplicaciones con malware, están surgiendo aplicaciones que prometen contenido multiplataforma con pequeños pagos, haciendo creer a las personas que este es un modelo legal.

Apps que promueven el uso de varias plataformas en una sola aplicación no son para nada legales a menos que sean paquetes de una empresa de telecomunicaciones en sus planes de contratación de internet y telefonía móvil.

Este tipo de aplicaciones ofrecen suscripciones a netflix, Amazon, HBO, disney y más por una fracción del costo, pero en realidad las mismas aplicaciones en primera no están dentro del marco legal y en segunda en muchos casos tienen malware en sí, acceso a cámara, ubicación, teléfono y otros servicios del equipo en que se instalan, convirtiéndolas en no solo un riesgo por la app sino que también por el tema de que se debe pagar por el servicio.

Es necesario que las personas analicen estas apps de paga porque en primer lugar son piratería, por lo cual todo el contenido que ofrecen de paga puede ser encontrado de manera libre en internet, con los mismos riesgos y sin pagar.

También es importante que esas apps piratas **NO se instalen en Smart TV 's,** ya que aunque la comodidad de poder verlo en una TV es muy interesante, si una smart TV se llegase a infectar de malware es casi imposible repararla.

APKs

La creencia general es que las apks de instalación en Android sin excepción tienen virus Pero no es así.

Pueden existir apks que son desarrolladas como pruebas o sistemas cerrados para ciertas empresas, y la ventaja de Android es que permite su distribución sin tener que subirla siquiera a la tienda de Play Store evitando un proceso que puede durar una semana cuando necesitan hacer pruebas rápidas.

Ahora que si hablamos de las apks que involucran el último juego que acaba de salir que tiene un costo de $600 pesos, pero la apk además de ser gratis te regala monedas infinitas en el juego y vidas infinitas, sin olvidar munición infinita; entonces ya estamos hablando de apk piratas.

Sí es una aplicación que te permite ver Netflix, hbo, Amazon, Disney y Apple TV en un mismo programa esas son apk piratas porque no hay una aplicación que controle y sume todas las aplicaciones competidoras, y peor aún hay APK que no solamente te dan todo gratis sino además te cobran una mensualidad por el servicio entonces no solamente estás obteniendo piratería sino que estás pagando por piratería la cual además en muchos casos tiene virus o malware.

Existen tiendas alternas a la playstore como las tiendas de Huawei o Samsung, las cuales aunque son legales, no ofrecen el mismo nivel de seguridad que la de google con Play protect, y algunas apks que son retiradas de playstore por obvios fraudes (como SNAPTUBE) permanecen en esas tiendas para su descarga.

Además tiendas externas como **APKpure, Apk mirror** o **F DROID** que son tiendas que almacenan apps en versiones anteriores que ya han sido dadas de baja, pero si cuentas con equipos más viejos puedes encontrar apps para esos equipos en esas tiendas. En estas no encontrarás apps piratas.

Finalmente tiendas totalmente piratas, donde encontrarás un cúmulo de apps de paga en formato gratuito. Son fáciles de detectar, ya que si la tienda ofrece algún whatsapp modeado seguramente toda la tienda tiene apps modificadas y riesgosas.

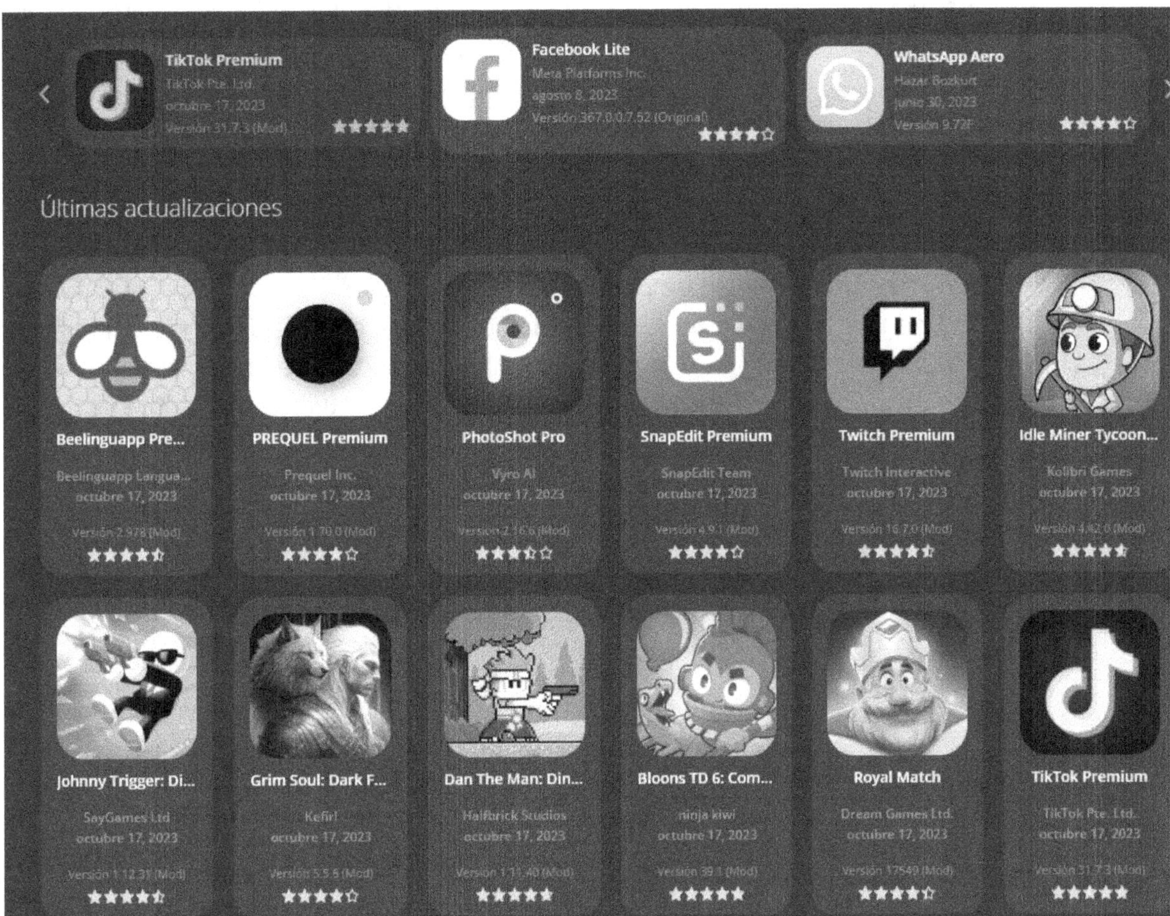

Tienda alterna con whatsapp aero modificado

La tienda de Apple es la más segura en cuanto a aplicaciones móviles se refiere ya que tienen estándares de análisis muy estrictos, por lo que la recomendación de como saber cual app es buena o cual no es sencilla: Revisa si está en playstore y appstore, de lo contrario ten cuidado con esa app.

Existe el riesgo hasta en apps de la misma play store, como se ha encontrado anteriormente ha habido casos donde apps tienen el malware *JOKER* el cual roba información del usuario, por lo que si en la tienda más oficial de Google hay malware, es importante que analices cualquier descarga que hagas en otra tienda alterna.

Para revisar esos programas y apks hablaremos en otro punto de VIRUSTOTAL el cual puede servirte para estos casos.

Antivirus

Los antivirus son programas cuyo objetivo es proteger los equipos y los datos de ataques de malware ya sea por navegación, mensajes de texto, aplicaciones o hasta por el mal uso de los recursos informáticos.

Hablemos de los tipos de antivirus que hay y sus funciones principales.

Antivirus pc

Hay una gran cantidad de programas antivirus para PC, de hecho te recomendaría una página que se llama **AV TEST** la cual hace cada cierto tiempo un análisis de las plataformas de antivirus comerciales más conocidas, de esa manera hace un top 10 con lo cual podrías tener tu información para elegir tu próximo antivirus.

Es recomendable usar una solución de paga en tema de antivirus, porque de esa manera el programa se mantiene actualizado constantemente en su base de datos y en tiempo real está analizando tu equipo para evitar que haya alguna intrusión o acceso de parte de algún programa malicioso lo que te permite tener mayor tranquilidad en cuestión de navegación y uso de aplicaciones sin estar constantemente revisando todo lo que utilizas, ya que el sistema se encarga de ello.

Algo muy importante es saber que **no hay ningún antivirus 100% confiable** ni hay ningún antivirus perfecto, yo te recomendaría que el 75% de tu protección y cuidado sea teniendo *buenas prácticas de ciberseguridad* personal con todo lo que has estado aprendiendo en este manual, y ya temas específicos de aplicaciones o programas le dejes el trabajo al antivirus, pero siempre tienes que estar consciente de que aunque tengas el equipo más seguro del mundo con el antivirus más potente y las herramientas de seguridad más avanzadas, ese equipo será tan vulnerable como la persona que está sentada frente al teclado, ya que por muchas alertas que te muestren los programas si el usuario lo descarga sin importarle nada pues el sistema simplemente seguirá la orden recibida.

El sentido común y ver señales de fraude que has podido identificar en este manual serán tus mejores aliados al momento de enfrentarte a un problema de seguridad.

Antivirus celular

Este es un punto importante ya que existen muchas plataformas también como en PC de antivirus para celular. El único problema es que los antivirus de celular no hacen las mismas funciones de detección, contención y eliminación de un programa malicioso como en una PC.

En un celular los antivirus se enfocan más a la preservación de datos y seguridad del usuario como vpn o protección de contraseñas y archivos pero en el tema de archivos maliciosos y programas dañinos solamente hacen la detección antes de instalarlos, una vez instalados el programa no puede eliminarlos.

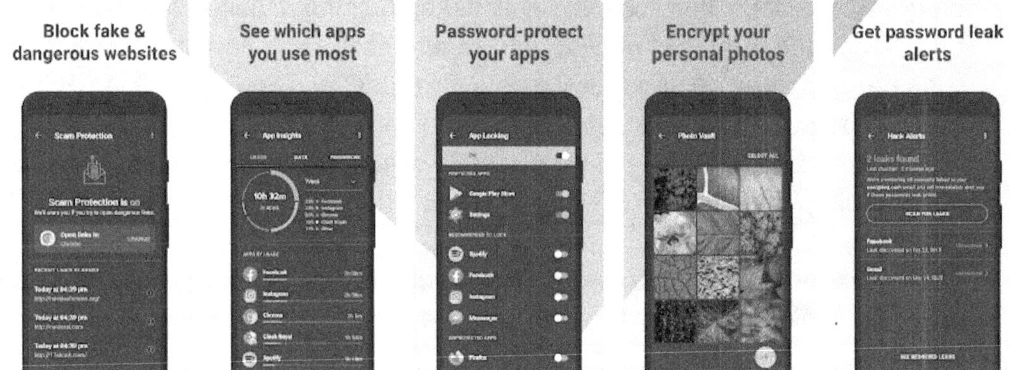

Bloquea sitios dañinos, analiza uso de apps, protege con clave las apps, encripta fotos y avisa de fugas de contraseñas, pero no remueve o protege de virus.

Como se mencionó en el punto anterior si el usuario independientemente de las alertas decide instalar algo el antivirus de celular no lo va a remover y es necesario formatear y borrar el teléfono completamente.

Existe la aplicación móvil de virus total que sí la recomienda la misma página de virustotal pero no es una obligación oficial entonces puedes utilizar ese programa para descargarlo y analizar tu celular y saber si está comprometido en este momento.

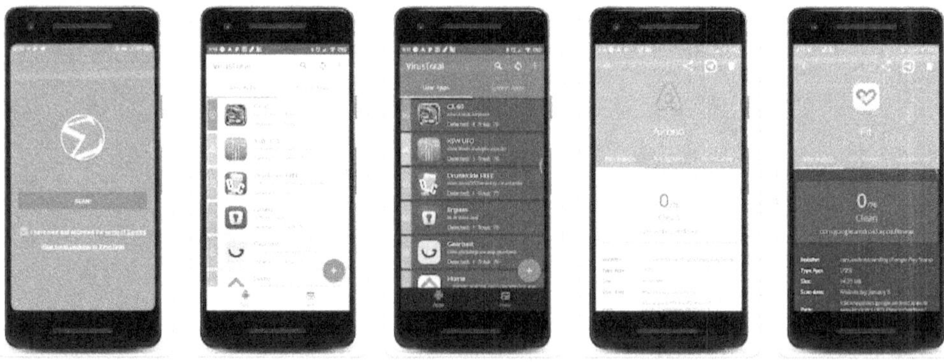

App de virustotal para android

Y puedes usar otro tipo de antivirus como Kaspersky o Norton ya sea para Android o para iOS, porque aunque muchas personas creen que iOS es inmune no lo es. De hecho en iOS existe uno de los peores tipos de malware que se llama **pegasus** el cual controla totalmente tu equipo.

Pero de igual manera estos programas están limitados a que el usuario siga las recomendaciones o no haya instalado previamente un programa dañino.

Si no hay una acción, no hay una infección. Los virus no se transmiten por vía aérea sino por alguna instalación o apertura de un sitio dañino, por lo que siempre es necesario cuidar nuestra navegación.

Recomendaciones sobre seguridad

La recomendación sobre ciberseguridad más sencilla que debe siempre prevalecer es usar el sentido común antes de instalar cualquier programa.

Pero como por ahí dicen *el sentido común es el menos común de los sentidos* y cuando tenemos frente a nosotros la posibilidad de jugar un juego que cuesta más de $1500 pesos de manera gratuita o descargar un programa que cuesta más de $15,000 igualmente gratis, o poder ver todos los canales de streaming sin pagar un peso pues el sentido común muchas veces sale por la ventana.

Y es ahí precisamente donde los cibercriminales tienen esa ventaja sobre los usuarios, ya que haciendo uso de la palabra mágica **gratis** nos atraen a una cantidad de descargas, páginas o formularios con la promesa de que al otro lado vamos a encontrar lo que tanto anhelamos y que muchas veces es un programa que puede costar $100 pesos, pero el sentir que pudimos obtenerlo sin gastar ya es para nosotros un logro.

Y lógicamente es cuando tú tienes que poner esa balanza donde de un lado tienes que poner esos $100 pesos y del otro lado toda la información contenida en el equipo dónde vas a instalarlo.

Es comprensible que muchas veces las personas piensan que si no te roban dinero no te pueden robar nada pero hay que entender que para los cibercriminales **tu cuenta bancaria vale menos que tu información.**

Siempre está la creencia de que si te hackean solo pueden robar dinero

Ya que con tu información como contactos, fotografías, datos personales o datos sensibles, tanto de trabajo como de tu vida pueden ellos obtener mucho más dinero con extorsiones, con engaños, creando cuentas falsas, haciéndose pasar por ti y usando tus credenciales como lo son los usuarios y contraseñas para suplantar tu identidad.

Esto puede ser un caso tan simple como un robo de una cuenta de Facebook la cual era tu página personal, pero ahora vende criptomonedas. O llegar al punto donde una persona con un alto nivel en una empresa tiene su información vulnerada y los secretos empresariales han sido hackeados. Estos son casos como han pasado con Samsung, Nvidia o hasta MercadoLibre.

Tienes que ir analizando en qué punto de tu vida te encuentras para saber si tu información realmente tiene valor o no porque lógicamente tu información siendo un joven de 15 años puede llegar hasta cierto nivel solamente cómo sería tal vez el crear cuentas en redes sociales pero mientras más edad vas teniendo y más responsabilidades, podrás ya hacer una cuenta que puede solicitar un crédito o préstamos bancarios, además de poder dañar tu vida laboral.

En esa balanza debes de poner realmente si el ahorro de esos $100 pesos de ese juego valen todo lo que estás poniendo en riesgo solo por una descarga ilegal.

De igual manera también tienes que entender que no vivimos aislados en una burbuja, y ese fraude que te han hecho puede ser extendido o transmitido a familiares y amigos. No solamente hay que cuidarnos sino cuidar a los que nos rodean.

Antivirus online

Los antivirus online como tal son solamente sistemas de análisis y prevención para tus equipos.

Como tal un antivirus online no podría analizar a detalle tu computadora para saber si cuentan o no con algún malware instalado o algún tipo de backdoor que esté usando tus servicios de conexión

Es por ello que los antivirus que hay online como kaspersky o virustotal solo deben ser usados ANTES de instalar cualquier programa, ya instalados en el equipo ya estos antivirus no podrán hacer nada.

Hablemos de virustotal, el cual es un sistema de antivirus que fue adquirido por google y funciona utilizando bases de datos y sistemas de más de 60 antivirus de todo el mundo a la vez.

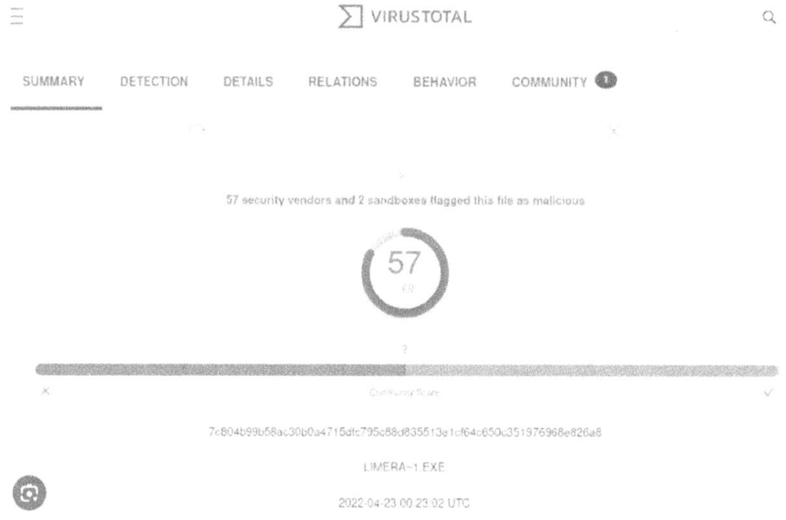

Eso le da una gran versatilidad al sistema ya que permite analizar archivos en varios sistemas de muestras y detecciones al mismo tiempo en pocos minutos.

La gran desventaja que tiene es que no puede analizar archivos de más de **650 MB** de tamaño, por lo que es usado principalmente para analizar documentos o archivos apk de instalación.

Como se mencionó, no hay antivirus 100% confiable y aunque este conecta a más de 60 bases de datos a la vez puede ser que algún archivo sea detectado como un falso positivo (realmente no es un virus) o pueda no ser detectado debido a que aún no se encuentra en las bases de datos.

Las recomendaciones con esa plataforma son dos: Analizar cuántas alertas arrojan y de qué tipo, por ejemplo si es una alerta de riskware solamente o si son 5 alertas de troyano. Una alerta de riskware puede ser un falso positivo.

Además hay que revisar los permisos en apks de dudosa procedencia ya que aunque no tenga ninguna alerta, no es recomendable usar una app para "ver películas" que tenga permiso de usar la cámara, el gps y tener acceso al teléfono.

Permissions

⚠ android.permission.READ_EXTERNAL_STORAGE

⚠ android.permission.READ_PHONE_STATE

⚠ android.permission.WRITE_EXTERNAL_STORAGE

ⓘ android.permission.REQUEST_IGNORE_BATTERY_OPTIMIZATIONS

ⓘ android.permission.QUERY_ALL_PACKAGES

ⓘ com.samsung.android.providers.context.permission.WRITE_USE_APP_FEATURE_SURVEY

ⓘ com.google.android.c2dm.permission.RECEIVE

ⓘ com.google.android.gms.permission.AD_ID

ⓘ android.permission.FOREGROUND_SERVICE

ⓘ android.permission.ACCESS_WIFI_STATE

ⓘ com.google.android.finsky.permission.BIND_GET_INSTALL_REFERRER_SERVICE

ⓘ android.permission.MODIFY_AUDIO_SETTINGS

ⓘ android.permission.FOREGROUND_SERVICE_MEDIA_PLAYBACK

App de ymusic para bajar música pero con acceso al teléfono

Existen más plataformas como tria.ge, joe sandbox, quttera, etc. Que permiten hacer análisis a más detalle pero regularmente si una app tiene permisos muy agresivos o muchas alertas virustotal es un buen indicador de que no debemos usar dicha app o debemos desechar el archivo en cuestión.

Cuenta además con un análisis de URL pero eso recomiendo usarlo solo para links individuales como los que mandan por mensajería o por correo ya que puede detectar problemas en ellos.

Revisar una página web con virustotal no es recomendable porque muchas veces el malware no está en el sitio web, sino en los anuncios o páginas interiores, y virustotal solamente revisa una página, no un sitio web completo.

Link de bio de Pacoweb ☐

Redes sociales

Las redes sociales ya forman parte de nuestra vida diaria, el estar conectado generando contenido es una forma adicional de mantenerse activo y tanto para recibir información como para crear contenido

Seguridad en redes sociales

No solamente las utilizamos para enterarnos de las noticias o las novedades del mundo actual y todas las personas que nos rodean, sino que además las utilizamos de una manera que muchas veces no es tan adecuada.

Porque por ejemplo hay personas que hacen un diario digital en sus redes sociales dónde informan todo a todo Mundo. Todo lo que hacen en el día desde que amanece, se levantan, desayunan (lógicamente con fotografías de su desayuno).

En qué momento parten al trabajo, dónde trabajan, cuáles son las rutas que toman, con quién trabajan y muchas veces hasta cuánto ganan y en qué puesto están.

Posteriormente, también la información de que hacen después de trabajar, qué película vieron, con quién y en dónde, a qué hora estuvieron en el cine, cuándo llegaron a su casa, y al final qué hacen para descansar de todo el día.

Qué tipo de bebida toman y hasta de qué tela son sus sábanas.

Antes las redes sociales eran una parte muy divertida, donde se podía compartir toda esta información, pero lógicamente siempre hay actores y personas que utilizan toda esa información de una manera no adecuada en la cual comienzan a generar todo un perfil personalizado y comienzan a hacer un seguimiento de la vida de las personas.

Ha habido muchos casos donde precisamente por saber toda esta información personal y privada han sido secuestradas o afectadas en sus lugares de trabajo porque dan muchísima más información de la que deberían de estar dando. Sobre todo en un medio tan público y sin restricciones como es el Internet.

Es muy comprensible que cuando acabas de obtener un nuevo empleo te dan ganas de gritarlo al mundo, pero en este mundo tan complicado online en el que vivimos donde precisamente hay personas que están revisando constantemente quién ocupa cargos específicos e importantes en ciertas empresas, el estar enviándole a todo el

Mundo status continuos de dónde trabajas, cuánto ganas y qué responsabilidades tienes en tu negocio puede ser contraproducente.

Casos muy sonados como personas que trabajaban en cierto Banco y al anunciarlo en todas las redes sociales al día siguiente son despedidos por políticas de privacidad de la misma empresa las cuales ante cualquier eventualidad ya se están protegiendo.

Pero casos donde precisamente esa información llega a manos de personas que las utilizan para generar objetivos como por ejemplo con ejecutivos de alto rango de mercado libre o de Samsung o de la empresa Nvidia.

Encontraron toda esa información personal y privada de ciertos empleados clave y con eso generaron ataques de ingeniería social para ver datos sensibles y contraseñas por medio de engaños y así poder tener acceso a información sensible y privada de las empresas.

En primer lugar le causa lógicamente una afectación al negocio y en segunda le causa una afectación a la misma persona ya que es despedida por haber sido la causante de una filtración de datos de esa magnitud.

En el ámbito personal el tema de las redes sociales también es un caso problemático, ya que muchas personas están revisando constantemente las redes sociales y pueden estar tomando información o fotografías de personas.

Un caso muy común es en instagram donde cuentas de mujeres jóvenes son descargadas completamente y esas imágenes son usadas para crear perfiles falsos de páginas con contenido para adultos, manchando tanto la reputación de la persona como engañando a usuarios con ese contenido y estafándolos.
La recomendación de cómo manejar tus redes sociales es muy sencilla: tienes que analizar si realmente esa fotografía o ese texto quieres que permanezca en internet para siempre, ya que lo que pones en internet se vuelve público totalmente

y.además puede ser retomado por terceros lo cual puede ser modificado, cambiado o malinterpretado para usos posteriores que pueden afectar en cierto punto..

La idea **no es salirte de Internet** y de las redes sociales, sino que realmente entender la complejidad y el alcance de estos problemas y saber hasta dónde deseas compartir la información de tu vida personal a personas cuyas intenciones nunca estaremos seguras de cómo son.

Esto sería muy sencillo ya que si te quieres convertir en un creador de contenido el cual va a estar generando información y vídeos públicos, pues tienes que saber hasta dónde llegar, pero si eres una persona que solamente quiere subir fotografías y quiere compartir sobre e sus viajes o aventuras con su familia, **convierte tus redes sociales en privadas** y solamente acepta a las personas que conoces porque las redes sociales hoy en día ya tienen que ser privadas.

Inteligencia artificial

En los últimos años hemos visto el surgimiento y crecimiento de muchas aplicaciones y sistemas de inteligencia artificial, las cuales nos permiten crear textos, imágenes, documentos y una infinidad de servicios con solo unas frases como "crea un paisaje de un bosque con un relámpago y un perro corgi sentado en una piedra en medio de un río" con lo cual podemos obtener imágenes instantáneas.

Además de que podemos hacer preguntas, resolver problemas, tener edición y corrección de textos y muchas cosas que han hecho de nuestra experiencia online una forma mucho más interesante y atractiva para todos los usuarios.

Pero así como todas las cosas, siempre tienen dos caras o usos, y aunque son usadas para crear y crecer, también pueden ser usadas para funciones que pueden buscar dañar a las personas, más aún unidas a las redes sociales pueden crear elementos que pueden ser para diversión o para daño, como es el caso de los deep fakes donde pueden cambiar el rostro de las personas.

Cuenta @deeptomcruise en Tiktok, donde genera videos con el rostro de Tom Cruise

O también pueden generar imágenes para noticias falsas como cuando el Papa salió con chamarras de diseñador o hasta el ex presidente de EUA fue detenido por la policía.

Se han llegado a crear influencers falsos que solo son avatares digitales los cuales tienen miles de seguidores, y algunos hasta tienen sus páginas de fans también, dándonos una idea de cómo la inteligencia artificial puede llegar a engañarnos fácilmente si no se tiene suficiente cuidado

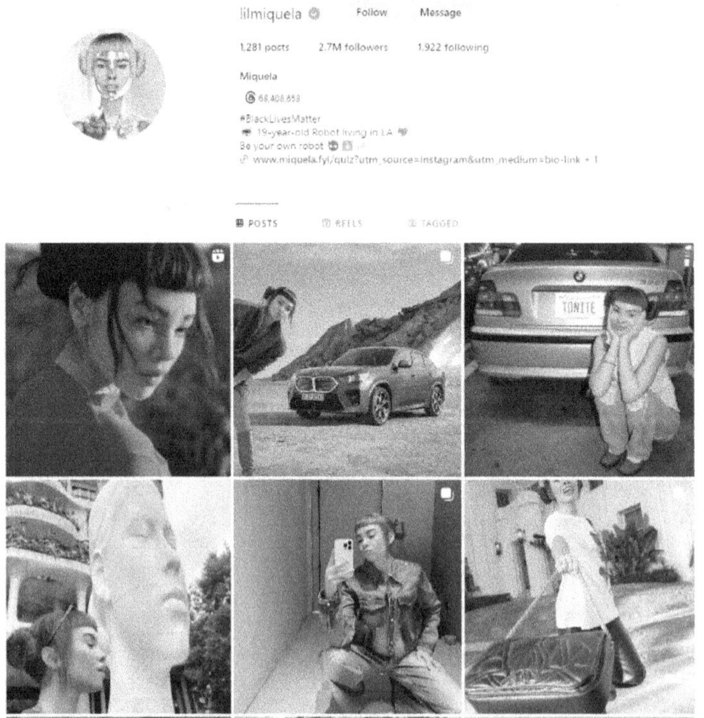

lil miquela, influencer virtual con millones de seguidores que generó una inversión de 125 M de dólares en publicidad

Desde el punto de vista de diversión y noticias falsas esto puede llegar a ser divertido hasta que una persona es difamada (como en el caso del presidente o del Papa) haciendo pensar a las personas que están sucediendo eventos que no ocurren en realidad.

Peor aún es cuando los deep fakes pasan al área de Voice (usar plataformas para copiar la voz de otras personas) o cuando llegan al video (videos falsos con rostros de personas que no tienen que ver con el evento que se refleja en la imagen)

Y los fraudes llegan hasta cuando las redes sociales de alguna persona son tomadas, sus fotografías editadas con imágenes comprometedoras o de contenido para adultos y están manchando la reputación de las personas, o en su caso solicitan tanto dinero de extorsión para no liberarlas o simplemente buscan hacer fraude generando videos falsos en sitios para adultos y cobrando suscripciones para fans.

Todo este tema de la IA debe ser tomado con la debida importancia y los usuarios debemos saber que mientras más contenido tengamos online más material tienen las personas para generar videos, audios o imágenes comprometedoras. Es por ello que cuidar su huella digital es tan importante como si se tratara de cuidar su dinero.

La información vale más que su dinero.

Huella digital

Cuando me refiero a la huella digital no me refiero al biométrico de huella dactilar, sino a la huella que deja el uso de plataformas, sistemas, redes, aparatos, etc. por todo el tiempo en que estamos conectados online. Esa huella es imposible de eliminar aunque muchos dicen que se puede hacer, así que hablemos de que es realmente esa huella digital y por qué no puede ser eliminada

Todo tu historial online

El tema de tu **huella digital** y la información online es un tema muy amplio, ya que tenemos que entender que en el momento en que subimos nosotros un texto, imagen, audio o video a las redes sociales o al internet en ese momento primero que nada **se convierte en un contenido y material público** el cual puede ser tomado y visto por todas las personas a menos que lo designemos como privado y hacerlo llegar específicamente a ciertas personas. Esto aplica para páginas web, blogs, podcasts, etc.

Lo segundo que debemos de entender lógicamente es que ese contenido público pueda ser tomado para los fines que los terceros decidan ya sea para generar contenido de reacción, estar haciendo videos alternativos o generar hasta memes sobre esos contenidos.

Ese contenido de terceros precisamente se conoce como **UGC o contenido generado por usuarios.**Ese contenido no puede ser borrado porque aunque usa nuestra imagen o detalles no podemos hacer más que apelar legalmente, pero en cualquier caso ese contenido seguirá rodando por el internet indefinidamente.

Podríamos nosotros comenzar a borrar todos nuestras redes sociales y podríamos controlar toda la información que hemos subido en algún momento a internet, pero si alguna persona tomó capturas de pantalla o descargó otros vídeos y lo subió a sus cuentas personales o de negocio nosotros no podemos hacer absolutamente nada..

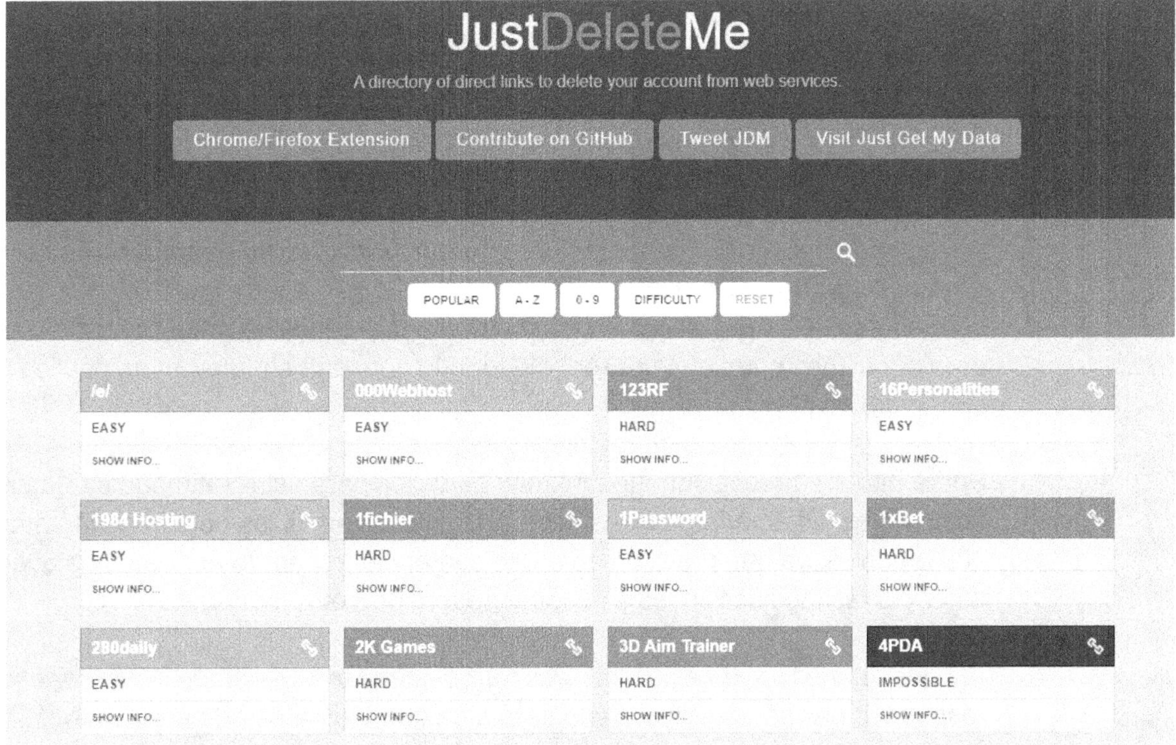

En esta página puedes encontrar los links para cerrar las redes sociales, NO las borra, solo te indica dónde hacerlo.

Y aunque legalmente se hagan todas las interpelaciones para poder dar de baja ciertas páginas con contenido no permitido por los usuarios donde no autorizo que se vea información mía, de todos modos aunque se baje de esa página o de esa red social, **el contenido ya existe** y puede ser distribuido o colocado en otra red por otras personas sin poder detenerse.

Les doy un ejemplo real. el cual me sucede a mi en este momento: en algún momento hice un video revisando un concurso de tik tok donde el premio eran $10000 dólares por un vídeo de 3 minutos, y donde de más de 2000 participantes habría sólo un ganador. Lógicamente el gancho del video era: *"puedes ganar 10000 dólares por 1 vídeo de 3 minutos"..*

Pero ese vídeo fue cortado y editado por otras personas con malas intenciones y ahora solamente sale una parte con mi rostro y mi voz diciendo "gana 10000 dólares en 3 minutos jugando videojuegos" y se muestra y publicitan aplicaciones fraudulentas en una infinidad de páginas de Facebook, las cuales aunque se han logrado dar de baja con reportes, éstas siguen saliendo y ahora ya lo ponen hasta en otro tipo de redes sociales como Kwai.

Esto demuestra que aunque logre quitar un anuncio puede salir a flote en cualquier otro lugar en una lucha interminable.

De la misma manera si tú estás compartiendo información en redes sociales sensible, fotografías que puedan ser provocativas o texto que puede ser controversial, alguien puede tomar una captura de pantalla o descargarlos para sus propios fines y comenzar a generar contenido que no tenga absolutamente nada que ver con tu mensaje y en algún momento pueda llegar a estar afectando a tu imagen.

Así que como siempre les recomiendo: **lo más importante es saber qué compartir, cómo compartirlo y dónde compartirlo** para evitar la mayor cantidad de problemas que se pueda tener con contenido que sea sacado de contexto o utilizado para otros fines porque al final del día todo lo que está en Internet es público y no puede desaparecer..

Podrá haber empresas que te ofrezcan servicios para estar retirando información de buscadores y de ciertas redes sociales, pero esos servicios no son ni garantizados ni 100% fiables, ya que precisamente ese contenido generado por usuarios puede tener ciertas modificaciones y después resurgir de otra manera.

Así que cuando vayas a publicar *esa foto, hacer ese comentario o colocar esa respuesta,* piensa si realmente no será algo que pueda estarte afectando posteriormente.

Haz más seguro el internet

La seguridad online al final del día sin importar el equipo que tengas o la protección o los sistemas de seguridad que tengas va a depender en su totalidad del usuario..

Hay una imagen muy aterradora hasta cierto punto donde dice que en el futuro solamente habrá una máquina, un perro y un humano.

La máquina se encargará de hacer todo, El humano se encargará de darle de comer al perro y el perro se encargará de que el humano no toque la máquina..

Y en este mundo siempre conectado que tenemos ahora ya con tantos riesgos como son la inteligencia artificial, la ingeniería social o personas que buscan un beneficio basadas en dañar a otros pues siempre será una cuestión de que cada persona tome medidas para mejores prácticas en cuanto a su seguridad y a su información. El seguir pensando que no pasa nada y que no tienen nada que pueda ser robado es una mentalidad que debe ir cambiando.

El seguir creyendo que si no te roban dinero en efectivo no te roban nada es uno de los peores errores con los que puedes llegar al Internet ya que el Internet son datos, información y comunicación constante.

Para hacer más seguro el Internet debes siempre de pensar que lo más importante que tienes en el mundo online es tu información: ya sean fotografías, textos, audios, contactos, documentos y hasta información que ni siquiera pensabas que es importante como tus hábitos de consumo, navegación, si utilizas un teléfono o un reloj de cierta marca.

Todo eso es información importante que de una u otra manera le generan dinero a las marcas con toda la información que constantemente les estamos dando..

Un ejercicio bien sencillo para saber si tu información es valiosa o no es el siguiente: Coloca en un archivo de excel todos los datos de contactos de familiares con fotos, teléfonos y direcciones. Y sube ese archivo en un link para que cualquier persona lo baje, ¿lo harías?.

Pues de igual manera tampoco pondrías una carpeta con todas tus fotos familiares abiertas al público (aunque haya quien comparte todo, ciertas fotos no las comparten) o la información de tu trabajo, datos bancarios, etc.

Todo eso es información valiosa para tí, por ende al tener valor alguien más la quiere, para que la usen es otra historia pero puedes darte una idea.Siempre analiza a quién le das tu información antes de dar clic en "enviar".
Quién posea la información tiene el control

Así que no pierdas el control de tu información y no la cedas porque de lo contrario no podrás controlar nada **en un mundo online siempre conectado.**

Conclusiones

Como dije en un inicio este pequeño manual, no es para espantar a nadie, ni para hacer que se vayan a vivir a las montañas después de haber quemado sus equipos y desconectado todas sus redes sociales, sino precisamente para que vayas conociendo la.otra cara del Internet: esa cara donde no todo es redes sociales divertidas y videos chistosos y productos súper innovadores, sino que detrás de todo esto existe una maquinaria basada en la información de las personas

Todo el consumo que se da en el Mundo está en la información:.¿Qué tipo de carne debe de llevar una hamburguesa?,¿qué cámara debe de ser puesta en el nuevo teléfono?,, ¿qué color debe tener el nuevo RGB de un teclado gaming?.

Todo es información para el consumo y toda esa información no es robada ni espiada como muchos creen, sino que nosotros la estamos regalando constantemente en cada momento que usamos nuestros teléfonos o nuestras computadoras..

El seguir creyendo que tu teléfono te espía ya es del año 2000. En este momento los teléfonos cuentan con inteligencia artificial que detecta desde la velocidad con la que escribe ciertas palabras hasta qué emoción llevan tus palabras. Qué productos te llaman más la atención y generan de ti un archivo en constante crecimiento junto con el de todos los usuarios online para poder analizar sus gustos y necesidades y crear mejores productos para venta.

Lógicamente toda esa información, análisis y estudio que realizan sobre el consumidor es invasivo y muchas veces roza en lo ilegal, pero al final del día no es tan malo porque pues están realmente escuchando al consumidor y escuchando sus necesidades y sus gustos.

De igual manera escuchan lo que no les gusta y sus quejas en redes sociales, donde ya se han convertido en una manera de poder hablar directamente con una empresa y afectar sus prácticas según el mercado, como por ejemplo el caso Bud Light y su campaña fallida.

Entonces, si somos todo ese cúmulo de información que alimentamos diariamente a las empresas para generar productos y consumismo pues debemos evaluar si queremos que toda nuestra vida esté 100% online y se sepa de una u otra manera todo lo que hacemos y queremos y con ello se anule por completo la privacidad.

En el momento en que estás tú cediendo toda tu información, tú ya no tienes nada privado. ¿Quieres una vida completamente pública?, conviértete en un creador de contenido.¿O quieres privacidad? Regula la información que entregas.

Espero que todos estos consejos te sean de utilidad y poco a poco podamos recuperar algo de la privacidad que hemos regalado para poder convivir en un internet mucho más seguro.

Agradecimientos

A mi esposa que me ha impulsado desde el primer video de PACOWEB y siempre ha creído en lo que se puede lograr con esfuerzo y dedicación.

A mis hijos, que son toda mi motivación para seguir adelante.

A mi madre y a mi tía que me han apoyado en todo momento.

A mi tía Esther que se que leerá este libro más r+apido que nadie.

A todos los amigos que he conocido en Tiktok creadores de contenido que me han ayudado a crecer, menciones especiales al Inge JB, JoseChTV y al Brujeríatech. A Nes Rasgado solo porque está en el grupo (no es cierto, gracias compa).

Y a todos los que han creído en este proyecto, para ellos estoy creando este material y todo lo que he desarrollado en estos años, ojalá pueda servirles y ayudarles en su recorrido por ese peligroso y divertido mundo que es el internet.

Y al Dr. Chávez, mi Padre. Siempre Gracias.

Gracias
Pacoweb